U0618747

当代农业经济发展现状与模式研究

阮若卉　陈昭玖　刘彩云◎著

吉林出版集团股份有限公司

全国百佳图书出版单位

图书在版编目（CIP）数据

当代农业经济发展现状与模式研究 / 阮若卉 , 陈昭
玖 , 刘彩云著 . -- 长春 : 吉林出版集团股份有限公司 ,
2024.3
　　ISBN 978-7-5731-3275-8

　　Ⅰ . ①当… Ⅱ . ①阮… ②陈… ③刘… Ⅲ . ①农业经
济发展—研究—中国 Ⅳ . ① F323

中国国家版本馆 CIP 数据核字 (2023) 第 085031 号

当代农业经济发展现状与模式研究
DANGDAI NONGYE JINGJI FAZHAN XIANZHUANG YU MOSHI YANJIU

著　　者　阮若卉　陈昭玖　刘彩云
责任编辑　李婷婷
封面设计　李　伟
开　　本　710mm×1000mm　　　1/16
字　　数　200 千
印　　张　12
版　　次　2024 年 3 月第 1 版
印　　次　2024 年 3 月第 1 次印刷
印　　刷　天津和萱印刷有限公司

出　　版　吉林出版集团股份有限公司
发　　行　吉林出版集团股份有限公司
地　　址　吉林省长春市福祉大路 5788 号
邮　　编　130000
电　　话　0431-81629968
邮　　箱　11915286@qq.com
书　　号　ISBN 978-7-5731-3275-8
定　　价　72.00 元

作者简介

阮若卉，1995年生，江西省新余市人，助教，管理学硕士，研究方向为农业经济管理、农业生产性服务，参与国家自然科学基金地区项目《规模经营、分工深化与农村劳动力资源配置效率研究》（2016—2019）；参与《分工、交易与农业生产性服务业：驱动力、绩效与机制设计——以江西为例》等项目，在《江苏农业科学》《生态经济》等期刊发表多篇论文。

陈昭玖，1969年生，江西省赣州市兴国县人，二级教授，"井冈学者"特聘教授，管理学博士，博士生导师，第二届教育部农业经济管理类专业教学指导委员会委员、江西省政府学位办经济学科评议组成员、江西省高校中青年学科带头人、江西省新世纪百千万人才工程人选、江西农业大学"三农"问题研究中心主任、中国农业经济学会理事、中国农业技术经济学会常务理事、江西省管理学会副理事长；作为第一主持人，主持完成国家社会科学基金项目1项，主持国家自然科学基金项目4项；公开发表本学科学术论文100余篇，出版专著6部，主编教材7部；分别获江西省社会科学优秀成果二等奖1项、三等奖5项，获农业部软科学委员会优秀成果1项、江西省优秀教材一等奖1项、江西省教学成果二等奖4项，研究方向为：农业经济管理、农业规模经营、农业生产性服务。

刘彩云，1981年生，江西省九江市人，讲师，现任人文与公共管理学院党委委员、院党委副书记，研究方向为农业教育、大学生思想政治教育，获省优秀挂职干部、校优秀辅导员、校模范班主任、校优秀班主任、校资助工作先进个人、校就业先进工作者等荣誉。

前　言

　　农业是国民经济的基础，农业经济的稳定、协调和健康增长对于整个国民经济的发展水平、解决"三农"问题都有积极且重要的作用。农业要发展，投入是关键。农业在由传统农业向现代农业转变、由粗放经营向集约经营转变的过程中，面临着日益紧缺的资源压力和生态环境恶化的挑战，农业发展资金短缺的状况也将长期存在。农业经济的发展对国民经济的发展举足轻重，农村的稳定和繁荣为经济的持续健康发展提供了强有力的保障。

　　农业是人类经济发展历史当中最古老的产业，是人类的衣食之源、生存之本，发展农业生产是人类永恒的社会实践活动。与国民经济中的非农部门单一经济再生产过程相比，农业生产是自然再生产和经济再生产的有机统一。现在社会是市场经济社会，农业的商品化、市场化属性十分突出，这意味着市场经济条件下的农业再生产不仅面临自然风险，而且面临市场风险，其中，自然风险对农业的负面影响巨大。世界各国都十分重视现代农业发展，其共同目标是使农业成为国民经济当中具有较强竞争力的现代产业和国际市场上具有强大竞争力的优势农业。

　　当前，我国正处于改造传统农业、发展现代农业的关键时期，大量先进农业科学技术、高效率设施装备、现代化经营管理理念被逐步引入农业生产的各个领域，对高素质职业化农民的需求越来越迫切。

　　本书主要对当代农业经济发展现状与模式进行研究，共分为五章。第一章的主要内容为当代农业经济发展概述，分别阐述了农业经济的地位与作用、中外农业经济发展经验借鉴；第二章主要介绍了当代农业的各类经济要素与管理，共分为四部分进行介绍，分别为农业与科学技术、农业与劳动力、农业与自然资源、农业与资金；第三章对当代农业经济生产形式进行了简要概述，分别为家庭经营、合作社经营两部分；第四章为当代农业发展模式的介绍，涉及四部分内容，分别为生态循环农业、观光休闲农业、设施农业，以及标准化农业、精准农业与信息化农业；最后一章主要内容为当代农业经济发展展望，共分为三部分，分别为城乡融合、农业的可持续发展、农业的产业结构调整和现代化。

在撰写本书的过程中，作者得到了许多专家学者的帮助和指导，参考了大量的学术文献，在此表示真诚的感谢。由于作者水平有限，书中难免会有疏漏之处，希望广大同行与读者及时指正。

阮若卉

2022 年 12 月

目 录

第一章 绪 论

作为人类生存之本，农业为人类提供基本的衣食保障。人类社会形成以来，第一个物质生产部门就是农业，它是社会生产及其他活动的出发点，国民经济的其他部门都依靠农业的基础生存发展。本章主要内容为当代农业经济发展概述，分别阐述了农业经济的地位与作用、中外农业经济发展经验借鉴的部分内容。

农业在我国的国民经济发展中具有基础性地位，在人类经济社会发展中有着多重贡献，发挥着多方面的作用。它不仅为人们提供粮食、蔬菜等基本生活资料，而且还能生产出大量的农产品供人们消费或交换。纵观人类社会发展历史，农业历来是安天下、稳民心的基础产业。随着经济全球化进程加快，世界各国都把大力发展现代农业作为促进本国乃至世界经济增长的一个重大战略举措来抓。农业是国民经济的重要组成部分，发挥着举足轻重的作用。

一、农业是国民经济的基础

作为国民经济的基础，农业不以人的意志为转移，这是客观经济规律。

（一）农业是人类社会赖以生存、繁衍和发展的基础

人类社会的基本问题就是生存和繁衍。人的一切活动都是为了满足自身生存和发展所需要的各种物质产品，而这些产品又以食品为主要形式。食物是人类赖以生存和发展所必需的物资。人类的食物包含动物类和植物类两大类，动物类食物来自养殖业，植物类食物来自种植业。绿色植物通过人工栽培，在太阳光的充足照射下，对矿物质和水分进行有效吸收，发生光合作用，最终生成人类生存繁衍所必需的碳水化合物、维生素和脂肪等营养要素。目前，人类还不能通过人工合成的途径取得上述营养要素，因此，种植业和养殖业仍然是满足人类生存和发展最基本的产业。

（二）农业的发展是国民经济其他部门发展的基础

一切非农业部门的存在和发展都必须以农业的发展为前提和基础。首先，农业为工业部门及其他经济部门的劳动者提供了必需的生活资料，并养育其子女，使得全社会劳动力得以生存和繁衍。其次，农业为工业提供原料和材料，如粮食、棉花、油料、糖料等。因此，在一定的意义上说，工业发展脱离了农业便无从谈起。农业不仅为人们提供粮食、饲料等基本生活资料，还为轻工业的发展提供原料。农业所供给的物资以生产和生活资料为主，这些材料经过工业加工后，还是生活资料，无非是它的农产品形式发生了变化而已，从原始农产品形态变成工业品形态，作为人的生活消费，其本质是不变的。

二、农业的重要功能

（一）社会稳定功能

农业是社会稳定的基础，农业顺利发展，国家安定富足。农业能不能稳步发

展，是否能供应符合人们生活水准的农副产品，能否逐步提高农业发展速度，这些都与社会安定息息相关。农业生产和工业生产同样重要，都属于社会再生产范畴。古人云："民以食为天，食足天下安"。粮食是人类生存的基本生活资料，农业是国民经济的基础。我国的基本国情是人口多、耕地少、人均占有土地面积小。在农业无法提供食物和必要食物的情况下，生产是不可能发展的，国家也就失去了稳定和独立的根基。农业是整个经济工作的根本出发点，也是其他一切事业得以顺利进展、实现预定目标的重要前提。

（二）生态环境功能

农业是人类社会的物质生产部门，也是最先引发人为生态环境问题的部门。所以说，如果没有一个稳固且强大的农业，则整个国家也难以巩固和发展。人们过去出现的过度伐木、掠夺式耕作等破坏生态环境的行为，曾使某些古代文明遭到破坏。时至今日，部分区域，尤其是热带雨林地区，仍面临着更为严重的生态环境问题。随着人口增长和工业化进程加快，人们对资源的需求不断增加，在一定程度上引起了生态系统服务功能退化，化学肥料、杀虫剂、除草剂、杀菌剂等大量使用带来环境污染，自然生态系统破坏更是屡见不鲜。

根据人类已总结出的历史经验，农业生产总体上趋于与生态环境的和谐。同时，同其他生产部门相比，在以合理经营为前提的情况下，农业不但不会对生态环境造成伤害，而且还可以在很大程度上降低其他部门给生态环境带来的损害，使生态环境得到一定程度的改善。我国是一个发展中国家，人口众多，人均耕地少，土地资源十分有限，而自然资源又极其贫乏。因此，在目前及今后相当长的时期里，我国仍要重视发展农牧业生产以维持生态平衡，保持社会经济持续稳定的发展。当然，有些地方砍伐森林的次数太多、过多放牧或者开垦草原、不当围湖造田、滥用湿地等，仍可能引发严重的生态环境问题。我国目前正处在经济建设高速发展阶段，如果再继续以传统的粗放型增长方式来进行，就有可能出现不可挽回的损失。对此，我们不可等闲视之。

农业在生态环境领域中的功能并不局限于缓解人为生态环境问题和进行植树

造林、改造沙漠等任务，同时也在相当程度上在与地质、气候变化带来的生态环境问题进行抗争。不管是中国西北地区的古老绿洲农业，还是近代"三北工程"，从本质上看，它们均通过农业的方式作用于自然环境，使自然环境朝着对人类生存更为有利的方向发展，与可持续发展目标更加一致。同时，人类可以通过各种措施如开垦土地、改良土壤和合理利用水资源等，实现经济和生态的协调统一。对于人类社会而言，这些工作并不只是为了提高农产品生产水平，更重要的是通过农业部门的运作，来达到改善自然生态环境的目的。

农业在污染治理方面也占据着相当重要的地位。农业生产活动始终受到人们的广泛关注和重视。粪便及部分种植业的生活废弃物、畜牧业和渔业生产产生的农业垃圾，都可以作为有机肥料、饲料和饵料等进行良性循环使用，或可通过其他科学的方法做到物尽其用。此外，农作物秸秆、树叶和果实等也可用来制作燃料或用于发电等。这不但能提高工业生产的效益，也能减少环境污染。另外，在城市绿地系统中种植树木，还能净化大气，改善空气质量，提高人们生活质量。农作物和林木均为绿色植物，都是利用二氧化碳进行光合作用，因而在减少温室效应方面具有积极作用。城市绿地能有效地减少噪音、降低空气悬浮物，还能弱化都市"热岛"效应。城市废弃物可用作肥料或饲料，从而促进土壤的肥力提升，改善土壤结构。另外，微生物对废液、废渣的无害化处理起到了非常显著的效果。

（三）农业的社会文化功能

城市现代化发展速度较快，使人们在都市社区生活中要面临新的生活压力，也产生了新的迷茫，人们无不以乡村田园生活为理想社会生活方式和场所，予以热情歌颂。信息革命后，人类社会的发展日益加快，经济、政治、科学、技术和文化等正处在一个急剧变化的大时代，都市居民就业地点与居住场所亦呈频繁变动之势。由于工业化和城市化进程加快，世界范围内出现了许多"都市化"现象，即由原来以传统农耕为主的城市转为现在以工业、商贸服务业为主的现代化大都市。在这种不断变化的环境中，乡村生活更多的是维持着最初的安定，远离城市喧嚣，愈来愈让人向往。这种理想的田园牧歌式的自然风光与现代文明相比，显得十分亲切宜人。所以，在社会和经济深入发展的今天，现代工业社会都市生活的弊端越来越明显。通过现代科学技术和文化改造，农业焕发了生机和活力，其社会文化方面的价值因此得到了重新确认和承认。在这种情况下，一种与工业化时代相比更加贴近于大自然的田园风光成为都市人休闲娱乐、放松身心的理想选择。返璞归真思潮逐步形成和强化，回归自然的乡村生活逐渐成为人们的共识。

在开展的农业活动中，不论是植树造林还是改造沙漠，或设立自然保护区，没有一项是纯生产或者纯经济的活动，它们也在改变着人们的精神文化活动。随着工业化时代的到来，这种传统的生活观念正在发生着巨大的转变。在开展上述精神文化活动的过程中，人类不可避免地要对自己的行为进行反思，开始更加科学、更加理性地思考人在自然界中的位置，思考人与人、人与自然的关系。在此基础上，人们才可能自觉地调整自己的社会行为，并最终实现人与自然之间的和谐相处。所以，这种农业生产活动在人类精神文化领域中具有不容小觑的影响。造林绿化是人类社会文明进步的重要标志，林业生产既是一种物质资料生产活动，还可以成为一种精神文明建设事业，由于农业与自然界具有密切关系，其还在此方面发挥着文化作用。

旅游和观光等户外活动既能陶冶人的情操，培养爱护大自然、热爱生活、关爱人生的思想，消除现代都市快节奏生活给人造成的紧张、焦虑和浮躁情绪，还能在潜移默化中帮助人更多地了解自然、对人与自然关系有更加深刻的认识，从而更珍惜、更关心我们生存的环境。在这种意义上，这些活动可以被看作是一种精神文化活动。很多地区都自觉地把"自然保护区""农业科学园区"作为科普基地，通过举办专题旅游、专题野营与短期培训相结合等各种途径，对公众，尤其是青少年进行生态环境知识的宣传。这些活动既丰富了大众的业余生活，又使他们了解到保护生态环境与可持续发展之间的辩证关系。这种寓教于乐式的科普方式，对公众行为和意识的转变具有很好的作用。

三、农业的经济作用

随着工业和交通运输业的迅速发展，特别是现代科学技术进步，使得传统农业逐步向现代农业过渡，并日益显示出巨大的优越性。由此看来，农业对整个国民经济和发展进程仍有着非常重要的意义。从国际经验看，发达国家都十分重视发展农业，把它作为国家经济安全保障和社会稳定基础的战略措施。在发展中国家，农业对经济的影响尤为突出。农业是一个国家或地区社会稳定的基础，也是该国或该地区经济增长的源泉。依据库兹涅茨经典理论，农业促进发展中国家的经济发展，归结起来主要有四个方面的贡献：产品、市场、生产要素和外汇。

（一）产品贡献

产品贡献是指农业部门产生的粮食和工业原料等对增加国民生产总值所产生的作用。正如在工业革命过程中，发展中国家以工业化和城市化为特征进行经济发展，同时也伴随着人口增长和收入提高等因素带来了食物和原料供应不足的问题。而工业部门及其他经济部门迅速发展的首要需求，就是要增加粮食和工业原料等供给。在工业发达的国家中，由于农业人口占总人口比例不断下降，其对粮食的消费量逐渐减少。对发展中国家而言，不断增长的食物和原料需求，绝大多数都是靠本国农业发展来满足的。在发展中国家中，只有少数国家能够提供足够数量的食品和原材料，如果其农业经济停滞，就会出现农业原料不足、不能促进工业化、现代化进程发展缓慢等情况。

（二）市场贡献

农业部门的市场贡献来源于对非农产品部门对农业部门的产品需求，尤其是农业部门需要的工业产品需求。农业产出在国民收入中占很大比例，因此，研究发展中国家的农业市场贡献对制定正确的经济政策具有重要意义。发展中国家的工业品市场的发展和繁荣程度，决定了其工业化进程的速度，发达国家的工业品市场的发展则直接影响其国民经济的增长速度。农业部门在发展中国家中占绝对的主导地位，农业人口所占发展中国家的全国人口比例也很大，农业与农村在发展中国家的国内工业产品市场中占据着主要地位，因此，发展中国家经济增长的速度与其农业和农村市场的发展是相互关联的。

（三）生产要素贡献

生产要素贡献是指农业生产要素向有需要的其他部门进行转移，如工业部门和其他重要部门等。农业部门在国民经济中处于基础地位，提供了农产品和土地、劳动力与资本等生产要素。农业部门对工业和其他部门的直接作用表现为通过向它们转移这些生产要素来提高劳动生产率。以长远来看，农业生产要素不断向其他部门转移的过程，就是国民经济不断发展的过程。农业部门在整个国民经济系统中具有重要地位，与其他部门之间存在着相互联系、相互作用和相互影响的关系。在发展中国家的早期发展阶段，农业是国民经济的主要部分，农业部门几乎占了整个社会生产要素的全部份额。随着社会的发展、科技的不断进步，农业生产力得到了快速的发展，如此，农村逐步出现剩余的农产品，农业劳动力过剩和农业资本过剩的问题也随之出现。由于农业劳动生产率较低，农业产出水平也相对低下，从而导致整个产业结构发生了变化。作为生产要素的农业及其他自然资源源源不断地转移到第二产业和第三产业，这就是所谓的农业剩余劳动力向第二产生和第三产业流动的过程。如果不存在这样的要素转移，则另一些经济部门在发展过程中就会面临劳动力不足等困境。

（四）外汇贡献

外汇贡献是指农业对国际收支平衡的贡献，主要表现是对国际汇率方面的贡献。对发展中国家而言，使用巨额外汇引进先进技术设备，是加速实现本国工业化、现代化和城镇化的有效手段，也是发展经济的必经之路。但是，在萌芽状态下，新兴工业难以供应大量的高质量的可供出口兑换外汇的工业产品。在此背景下，农业产品就要承担兑换外汇的任务。扩大农产品出口或扩大农业进口替代品生产，使国际收支达到平衡，这对于很多发展中国家来说是非常重要的。对于这些国家而言，外向型农业不断增长是一国实现工业化、现代化和城镇化的基本保障。

对发达国家而言，农业对经济的以上四个贡献也是如此。对照发展中国家，这些贡献对发达国家来说，其重要性尽管整体来看比较微弱，但是仍不容忽视。在一些特定的情况下，农业部门的作用甚至比发展中国家还要高。

第二章 当代农业的各类经济要素

本章主要介绍了当代农业的各类经济要素与管理，分为农业与科学技术、农业与劳动力、农业与自然资源、农业与资金四部分。

第一节　农业科学技术

一、农业科学技术的概述

在农业发展中，农业科学技术是核心推动力。在经济发展中，科学技术居于主导地位，科学技术的概念、科学和技术又有什么样的关系是值得相关人员学习和探讨的，只有充分了解科学技术的含义，才能更好地发展科学技术和利用科学技术。

农业科学技术作为科学技术总体构成的一部分，是农业科学和农业技术的总称，覆盖了农、林、牧、渔等农业领域的知识体系和生产应用。农业科学技术应用在农业领域，而农业领域生产经营有其独有的特点，所以，与其他领域的科学技术相比，农业科学技术有自身独有的特征。在现代农业中，科学与技术相互联系、相互影响。农业科学技术是实现中国农业经济增长方式转变的基础，在增强农业整体竞争力，以及维护、发展农业的可持续发展和健康发展方面起着举足轻重的作用。在当今的经济全球化时代，在农业科学技术发展方面，出现了以生物技术、信息技术、资源节约型农业技术和设施农业技术为代表的发展趋势。

（一）农业科学技术及其特点

1.科学技术的概念与内涵

科学和技术的整合就是科学技术。科学是对自然界的正确反映，由社会和思维的性质及其发展规律等内容构成，包括数学、物理、化学和生物等基础学科，以及天文学、地质学、物理学和工程学等工程技术。从观察研究范围来看，科学可以分为社会科学、自然科学和思维科学三个系统。技术，就是人类在总结生产经验的基础上，运用科学原理所形成的一系列工艺操作方法和技巧的统称。它是人们在认识自然并利用自然过程中所创造出来的物质财富和精神财富的总和。从宏观角度上讲，技术包括一切生产手段及其他物质装备。

作为科学和技术的统一体，科学技术既包含着认识、理解自然的内容，也包含着改造自然的内容。科学技术是人类社会进步的主要动力，是推动人类文明发展的重要因素。科技的本质就是通过认识自然获得有学术价值的新发现，通过改造自然实现发明创新并开发应用功能。

科学和技术有显著的区别：一是目的和任务不同。人们基于标准的世界观和方法论，以客观事物为对象，对其反复研究分析、综合概括，最后生成结论，探索客观事物深层的内涵和规律，这就是科学的目的。也就是说，科学要解决是什么和为什么，是对自然界、社会和技术可能性的解释。技术是人类为了达到某种目的所采取的手段，回答的是做什么和怎么做，是对自然界的控制和作用。科学是发现，是认识世界；技术是发明，是改造世界。二是呈现形态不同。科学一般表现为知识形态和理论形态，属于精神财富；技术一般指的是在生产过程中的劳动手段、工艺设备、加工方法和管理经验，属于物质财富的实践领域。三是取得成果及其奖励方式不同。科学是新现象、新规律、新法则的发现，重大的科学发现者可获得诺贝尔奖或者其他奖项；技术表现为工具、设备、工艺和方法的发明，重大突破的技术可获得专利。

总的来说，科学和技术之间存在着紧密联系，二者互相影响，彼此促进。科学技术进步是推动经济增长和社会发展的决定性因素之一，直接影响人类生活质量的提高。科学和技术在生产力中都占有举足轻重的地位。技术发明则推动着科学技术向更高阶段转化并使之成为现实的社会生产活动，它的理论依据是科学研究，它推动科技持续进步。从一定意义上讲，科学就是一种生产过程，而技术则是这种生产过程的手段或工具，不断产出技术成果，可以给科学发展注入新的动力。这使得人们把科学技术视为一个独立存在的实体，而不是作为一门学科或研究对象来认识的。技术的出现远远早于科学的出现，但是，从大多数方面来看，科学发展从 20 世纪开始已经领先于技术进步。同时，科学和技术的界限逐渐变得模糊，二者渐渐融合在一起，越来越趋于一体化，科学技术化和技术科学化的发展趋势越来越明显。所以，科技就是科学和技术的统称，人们往往把它当作一个整体的概念来运用。

2. 农业科学技术的概念与内容

农业科学技术是揭示农业生产和发展各领域基本规律的知识体系，以及这些知识体系在生产中运用结果的统称，它是社会科学技术整体的重要一环。

（1）农业科学的概念与内容

相关研究人员对农业发展的自然规律与经济规律进行总结，基于多年实践经验，最后形成一套严谨的知识体系，该体系就是农业科学。农业科学体系涵盖多个领域，包括农业工程与农业经济、作物与畜牧生产以及农业环境等。从更宏观的角度来说，农业科学还包括林业科学和水产科学。农业科学是自然科学中最古老的分支学科之一。农业科学大体可划分为农业经济科学、农业环境科学、农业工程科学和农业生物科学等。

（2）农业技术的概念与内容

在科学原理与农业生产实践经验的基础上，农业技术是指人们发展起来的所有工艺操作方法和技巧。相应的，物资设备与生产工具也是农业技术的一部分。科学技术进步是推动经济增长和社会发展的决定性因素之一，直接影响人类生活质量的提高。农业技术主要是指科研成果和实用技术，一般用在种植业、林业、畜牧业和渔业等方面，包括病虫害防治、良种繁育、肥料施用、栽培与养殖技术、农副产品的加工贮运技术、农业机械技术、农用航空技术、农田水利、土壤改良和水土保持技术、农村供水、农村能源利用、农业环境保护技术、农业气象技术、农业经营管理技术等。农业技术对于人类社会进步具有极其重要的作用。农业技术种类繁多，并随着经济水平和科技水平的不断发展而不断丰富着。根据技术存在形态，农业技术可分为物质形态和设计形态两种基本形态。

作为自然科学中最古老的分支学科之一，农业科学的内容广阔且深奥。按农业技术经济种类，农业技术可分为劳动节约型技术、资源节约型技术和中性技术。劳动节约型技术的优点就是能促进提高劳动生产率，同时减少农业生产劳动消耗。资源节约型技术的优点就是能够让劳动力之外的农业生产资源得到利用，尤其是土地资源生产效率明显提高。中性技术的优点就是把劳动节约型技术与资源节约型技术密切地结合起来，综合应用农业技术。中性技术兼有以上两方面的优势，能同步提高劳动生产率和土地生产率。

（3）农业科学技术的内容

农业科学技术的内容包括农业科学和农业技术两部分，这两部分分别适用于不同的经济发展阶段。总的来说，农业科学技术的涉及面广，种类多。农业科学技术不仅注重基础的理论，还注重应用的技术。农业科技是指直接或间接地影响农业生产力发展的各种知识和经验的总和。在相关学科互相渗透的情况下，新研究领域不断涌现，该学科内容的范围仍在持续扩大。农业科学技术的整个系统可划分为农业环境科学、农业生物科学、农业技术科学、农业工程科学和农业经济科学等，详细内容如下：

第一，有关农业生物及环境的发生与发展、组成与结构、调节与控制、改造与利用等为研究内容的农业环境科学技术知识，如农业地理学和农业气象学等。

第二，由育种学提供的有关动植物品种改良的科技知识。

第三，有关植物栽培和动物饲养的科技知识。

第四，有关农产品的收获、采伐、捕捞和贮藏、加工的技术知识，是关于农业生产过程产后环节的知识体系。

第五，为改进生产手段、改善农业生态环境，有效实施各种农业技术的农业工程学知识。

第六，对农业经济活动进行管理和分析的知识体系及方法论，可以有效地指导人类对自身经济行为的选择，包括经济学和管理学两大门类。

3. 农业科学技术的分类

（1）依据农业科学技术的性质分类

按照农业科学技术在其发展和形成过程中所经历的各个阶段，以及它同生产之间的关联程度，可以将农业科技划分为三大类：基础性科学技术、应用性科学技术和开发性科学技术。

①基础性科学技术

在探索事物发展规律的基础上，农业基础科技研究以开发知识为宗旨和使命，也就是研究农业科学领域内一切客观自然现象，重点探索其属性、内涵和机制，以及各种生物体在物质能量交换过程中与周围环境发生联系的规律。农业基础科技是指在农业科学技术活动过程中直接或间接地应用于农业生产实际所产生的具有实用意义和经济价值的成果及其经验的总和。相关人员一般先运用观察和试验等手段，获得有关研究对象的资料和信息，然后将信息和资料加以整理、分析、概括、抽象和归纳，最终形成能体现事物本质特征的运动机理和规律，并且经过实践验证，形成一套严谨的理论知识体系。

另外，基础科学为整个科学技术理论的发展提供了依据。因此，各国政府和科技界越来越重视加强基础科学的科学研究工作，以促进科技与经济紧密结合，加速科技成果向现实生产力转化。基础科学不能直接产生经济效益，只能间接地解决在农业生产中出现的现实问题。基础科学的最大优点就是创造性地拓展了人类理解自然的眼界，具有十分重要的意义和价值。应用性科技和开发性科技都要依靠基础性科技研究成果，如光合作用机制、生物遗传规律、DNA 双螺旋分子结构的分析等。基础性科技成果具有重要的科学研究价值和经济意义，它的研究成果通常以学术论文的形式出现。

②应用性科学技术

首先，应用性科学技术就是为解决社会实践的现实问题而出现的，是指在合理利用基础性科学研究成果的原则上，研究有应用前景的有关方面，开拓科技新途径和研究开发行之有效的新技术、新方法等。它以提高经济效益为目的，主要包括基础研究成果转化、高新技术产业开发和科技成果产业化三方面内容。应用性科学技术主要研究如何将自然科学基础理论知识，技术理论知识等物化到生产技术以及工艺流程的原则和方法，使得自然科学知识和社会生产力产生直接联系。

其次，应用性科学技术是在从基础性科技研究成果向应用技术或物质产品的进一步转化的过程中取得的。研究成果是理论与实践相结合的一座桥梁，不仅隐含着对自然理解的因素，还有潜在的改造自然作用。因此，科技成果具有重要的科学研究价值和经济意义。在对农业自然资源的科学利用和保护中，实现各类自然资源的优化配置，协调好农业生物和农业环境的关系，预防环境破坏、有害生物等因素危害农业，提高劳动生产率、改善土地利用效率、提高产品质量等，都是以应用性科学技术为主。应用性科技成果包括新农药的创制、良种选育、作物高产栽培技术研究以及其他相关学科领域的科研成果等。应用性科学技术研究成果具有典型的商品特征，通常是指那些可直接和间接用于生产的实用技术或物化类技术产品，所以不仅便于推广应用，还有进一步改造的可能性与余地。

③开发性科学技术

开发研究，或者说技术开发，就是要把科学的研究成果搞得更透彻一些，并进行详细的验证、拓展和推广等工作。农业开发性科学技术是将应用性研究成果更清晰、更具体地应用于开发的一种技术活动，以研究为主，解决不同气候条件下应用性科技成果的问题，以及在不同区域、在不同生产条件下推广应用过程中存在的技术难点。它以促进农业增产和农民增收为主线，通过开展科学研究，将科研成果与生产实践紧密结合起来，形成具有实用性和可操作性的新技术。具体来说，第一，结合实际情况对某项应用成果的某些技术指标或性状开展有关实验、调试和分析，促进上述指标或者性状的进一步完善和提高。第二，对若干应用成果的核心创新成分进行组合、调试和分析，最后整合装配为一体的综合技术，使多种农业资源与农业生产要素高度协调统一，实现潜在生产力向现实生产力的转化。

随着我国社会主义市场经济体制的建立，农业经济发展进入一个新阶段，迫切需要现代科学技术来推动传统农业向现代农业转变。以培育农作物新品种为例，在这个过程中就需要农业科技人员合理运用开发性科学技术。想要培育新品种，引进是必不可少的，农业科技人员可以在引进品种的基础上进行试验分析，对农作物新品种的抗逆性和品质性等开展重点试验，然后根据新品种的特性精心培育，找到提高产量的方法。需要重点观测的因子有：农作物的株高、抗冻性、抗病性、成熟期、分蘖力、结实性和肥水吸收规律等。最后，农业科技人员可以针对新品种的特点，研究搭配的配套工艺，从而使农作物的增产潜力得到较好的开发。

（2）依据科学技术的存在形态分类

在推广和应用农业科学技术时，物质载体对科学技术起着至关重要的作用。物质载体决定了一项科学技术扩散的速度和程度，还影响着推广方式、手段和机制选择。目前，我国农业生产对优良品种的需求越来越多，但缺乏相应的配套栽培技术，导致现有作物产量不高。农业科学技术在总体上可以划分为两个主要种类，即物化形态科学技术和方法技术类无形科学技术。

①物化形态科学技术

这类科学技术主要是间接借助或直接运用相关学科的技术理论和方法工艺，将基础性成果和科学知识依附、凝聚于某些具有直接应用价值的载体之上，创造出新型的物质形式。它主要包括高新技术及其产业和传统农业科学技术两大类，如农业动植物、微生物新品种和新型农药等，细分还包括新型植物生长调节剂、新型肥料、新型农机具、新型节水或者节能设备、新型疫苗等。这类技术将实物作为载体，存在于物质形态的科技成果中，属于生产资料性质，具有较高的商品化程度，可以直接入市成交，价值通过交换获得，成果转化速度快。

②方法技术类无形科学技术

在了解自然的基础上，这类科学技术主要是指协调生物和自然的方式和手段，提高了控制自然和改造自然等方面的能力。它的表现形式多种多样，可以用研究报告和设计图纸来呈现，也可以用音像和技术规程来呈现，重点问题是如何切实掌握各种农艺措施实施的时机和数量。

知识形态和技艺形态是方法技术类无形科学技术的两个重要分类。知识形态的科学技术是指在科学领域中具有一定科学知识或专门技能的人员运用各种手段从事科学研究活动所产生的科技成果；技艺形态的科学技术指的是以科技人员为技术载体，以技艺的形态而存在的科技成果。对于非物质形态的技术的推广和普及可采取多种形式，如技术培训、巡回指导、现场示范等。非物质形态的技术主要包括传统农业技术和现代工程技术两个方面，如耕作栽培技术、果树修剪、病虫害防治、食用菌的生产和养殖技术、大棚生产技术等。技艺形态的科学技术则是指在生产实践中直接应用于人们的劳动生活而不涉及物质产品的科学技术。知识形态的科学技术的存在以研究报告或论文为载体，其特点是专业性强、内容抽象且复杂。例如，它主要包括对某些农业科学的基础理论进行研究、资源调查、软科学研究成果、农业区划、品种资源的搜集、农业发展战略的研究等。科技产品形态的科技成果一般是直接应用于生产实践中产生效益的，如新品种的选育、新农药的创制和新兽药的开发等。这种科学技术研究成果并不存在物化载体的现象，可以借助多种载体通过各种途径进行宣传和使用打入技术市场，但是，以技术承包或者技术服务为主的各类产品的改造速度缓慢。

4. 农业科学技术的特点

（1）区域性

我国农业面积较大，拥有各种各样的农业生产对象，而且各地的地形、土壤和气候等自然条件千差万别，适种作物不一。即便是同一种农作物，在不同地域范围里栽种，其种植方式和栽培方法也存在着较大差异。在不同的条件下，农业生产有不同的规律，再加上各区域农业经济发展水平差异的存在，任何农业科学技术成果都只适用于一定的区域。因此，农业科技成果只有通过试验示范推广才能有效地实现其经济效益。不同的农作物所适用的地域范围是不一样的，显示了农业科学技术应用显著的地域性，在一定生态条件下产生或者形成的科学技术成果适用于同一生态区域可能是有效的，但是，在生态环境差异很大的区域中使用却未必能获得成功。农业是我国国民经济最重要的基础产业之一，与工业、第三产业相比较，农业科学技术转化具有最特殊、最明显的区域性特征。

（2）研究和转化周期长

因为科学技术的开发需要长时间的反复试验，所以农业科学技术的研究和发展通常都具有较长的持续周期。在农业技术进步过程中，通常要经历科研—实验—中试—示范推广等几个阶段。农业部曾经统计过 1010 项农业科学技术成果，结果显示，8.29 年是一项成果完成的平均时间，有的研究周期最长可达 35 年。[①]
以研究水稻育种为例，如果选育一种常规品种，通常需 3~5 年甚至 10 年才能得
出结论，如果要把这些科研成果推广普及开来，农业科技人员就必须长期付出且
艰苦的努力。农业科学技术研究对象的生长周期不同，且农业生产具有季节性，
农作物的生长环境也不稳定，因此反复的实验势必会使研发周期加长。另外，农
业科学理论研究与生产实践之间往往存在一定差异。以农作物生产为例，由物质
资料的输入转化为产品的输出需要很长的一段时间，有的甚至跨年度，这就造成
了在不同时期内农业技术进步的速度不一致，从而导致在不同时期所取得的产量
也不相同，形成长时间的短循环现象。从根本上来说，农业生产在自然环境中具
有长周期性是由播种种植至收获期的自然生产规律决定的，因此农业科学技术研
究要想缩短研发周期就必须对农作物的生长过程有更深入的了解。此外，因为农
作物的生长环境受到大自然的影响较大，可能出现不可预测的因素对农作物的生
长进程产生影响，导致很多农业科技研究不具备可参照性，必须等下一个周期循
环再进行。

另外，科技成果在农业生产上的运用是农业科技成果的转化过程，必然还存
在着长周期性因素的影响。由于我国目前的育种技术体系尚不完善，导致科研成
果在实际推广应用中往往不能达到预期目标。在新品种选育和推广过程中，首先
要做好的是种子资源的采集、评估和整理，然后再开展基础材料的创新和种子的
创制等。

（3）突出的基础性和公益性

作为人类赖以生存的基础产业，农业发挥着举足轻重的生存保障作用，农业
与其他行业相比具有明显的基础性作用，而农业科技成果只有通过试验、示范、
推广才能有效地实现其经济效益。我国一直对农业的基础性作用给予很大的重视，
世界上主要的发达国家都对自己的农业发展提供了制度倾斜，并予以最大的支持
和保障，同时落实农业补贴和其他各项政策。目前，世界各国都将"三农"问题

---

① 李林虎.浅谈农业科技成果的合理利用 [J].甘肃农业，2005（12）：234.

作为经济发展中的重要议题。农业是国民经济的基础产业，农业发展直接影响着一个国家的经济发展水平和综合国力。我国经济和社会的发展已经使得我国实现了工业反哺农业，因而要持续加大农业扶持力度，持续提供公益性服务。因此，加强对农业技术研发的投入，建立以市场为导向的运行机制，促进农业科学技术进步，提高农业综合生产能力显得尤为重要。同时，农业科学技术及其成果转化也相应具有显著的基础性和公益服务性。

更为重要的是，经过试验推广，农业科技及其成果得到了大多数农民的认可，其所创造的长远经济效益和社会影响是巨大的。农业科技成果的特定经济效益可以惠及所有的农业生产者，实现农业增产、农民增收的任务目标。由于我国目前的育种技术体系尚不完善，导致了科研成果在实际推广应用中往往不能达到预期目标。但是，多数农业科技成果具有社会服务功能，属于公益性质。对于农民来说，农业科技成果是一种无偿、共享的支持。

（4）综合性强

强大的综合性是农业科学技术在研究和开发过程中表现出来的另一个明显特征。基于农业生产的季节性和地域性特征，农业科学研究往往涉及不同地区的多种作物，即便是一种农作物，它的各个阶段都会影响整个农业的发展进程。农业领域的范围非常广泛，包容多学科的研究内容，如遗传学、植物生理学、育种学、化学、昆虫学和经济学等。因为相关因素和内容十分繁多复杂，所以农业科学技术研究体现出极大的综合性。在农业的各个环节中，会出现各式各样的问题，想要保证农业在产前、产中和产后顺利推进，只有众多领域的专家联合协作，才能共同破解难题。

另外，这种突出的综合性还体现在农业科技的应用过程中。在运用农业科技成果时，可采取单项技术措施，也可采取多种工艺装配而成的综合工艺。没有一种单项技术能如综合技术一样，把农业生产推向新的高度。此外，因为存在很多影响因素，所以在运用科技成果的时候可能并不顺畅，各个部门应紧密联系、及时沟通、相互配合，只有合理运用综合配套措施，才能取得理想的结果。

（5）不确定性强和风险大

农业科学技术的研发和应用的不确定性和风险性均比一般科学技术大。首先，农业科学技术受自然环境的影响极大，农业生产周期长、地域性强。从根本上说，在农作物生产方面，决定农作物产量的最大因素还是自然气候，尤其是粮食作物对自然条件极度依赖。尽管农业设施得到了大力发展，人工设备能使农业生产得到部分改善，特别是像蔬菜种植这样依赖自然条件的种植形式，但是，从宏观角度来看，农业生产仍有"看天吃饭"的特点，这些都会导致农业科学技术研发和推广应用过程的风险加大。其次，社会和经济条件对农业科学技术具有较强的制约作用。农业科学技术研发和推广应用的综合性强，往往需要较大和较长期的资金投入，还需要高素质的农业科技人员，这些都会增加农业科学技术研发应用的不确定性和风险。另外，在农业科学技术转化的过程中，科技推广人员的素质以及农民的科学技术和文化素质，也会影响其应用推广的风险和效果。

（6）实施难度大和效果的不稳定性

农业科技成果大多都是针对活的生物体而起作用的，技术上要求不仅有指标化和操作规程，还要求有时空化和应变性。植物的种植和动物的养殖要达到高产、优质、高效，必须科学地实施技术措施，达到技术质量的指标要求，按技术的操作程序进行。因为技术实施效果受环境条件影响大，而且生态环境是很难控制的生产因子，所以农业科学技术的应用实施难度较大。

农业生产是一个露天工厂，处于开放的系统中，具有明显的季节性和地域性，在农作物漫长的生长发育期间，可能受到多种不可控气象因素的影响，技术效果稳定性较差，常出现"同因异果"或"异因同果"现象。例如，某一灌溉技术成果上一年增产效果显著，但下一年由于降水、气温等条件的变化，增产效果可能大打折扣。农业技术效果不稳定性，主要是不可控气象等因素所致，随着人们改造自然能力的提高，农业技术稳定性也会大大提高，如设施栽培、厂房下的动物、微生物生产等技术稳定性一般高于大田。

（二）农业科学技术的作用

科学技术是农业发展的第一推动力。世界各国的农业发展经验表明，科学技术对农业经济增长产生着至关重要的作用。一般来说，可通过测算科技进步贡献率来说明农业科技进步对农业经济增长的贡献。农业科技进步贡献率是指由农业科技进步而产生的农业产值增长率与农业的总产值增长率之比，即农业科技进步对农业总产值增长率的贡献份额。实践表明，我国农业发展对科技的依存度越来越高，农业科学技术在稳粮增收、农业产业结构调整、转变农业增长方式等方面发挥了重要作用。

1. 决定集约高效农业的发展和农业发展方式的转变

我国农业的发展方向是集约高效农业，高效化和集约化就是通过增加有效物质投入来提高劳动生产率，促进经济效益最大化。集约是农业经营方式之一，就是对一定范围内的土地投入更多的劳动，资金和技术并重以获得单位面积高产，可以降低单位产品的劳动耗费。高效的本质就是要面向市场，充分利用现代科学技术、资源和环境，使劳动力、土地和资金等各种生产要素达成最佳组合，最终达到促进经济社会的发展，使农业生产经营模式具有最佳生态综合效益的目的。集约高效农业不但具有劳动生产率高、资源利用率高、经济效益好的特点，还能够实现农业综合效益的统一，是转变农业发展方式和发展现代农业的必然途径。农业科学技术是实现集约高效农业和农业发展方式转变的客观要求和关键。

近些年来，我国农业在土地经营模式上出现了新气象，农村土地流转使得经营规模化，家庭农场等新型经营主体不断涌现。但是，长期以来，我国农业粗放型生产状况并没有得到根本改善。除了从制度上要建立家庭农场等新型农业经营体系外，从技术上实现农业发展方式的转变才是农业发展的根本途径。

2. 有助于促进农业结构调整优化

首先，科技进步是调整、优化农业产业结构，加快农业产业化和现代化进程的重要因素。农业结构很难优化，究其原因是农业科技发展水平不高、利用不足，即在农业技术发展水平不高的情况下，就不能从生产结构上把空间放大，也不可能在农产品的种类、质量和特点上有所创新，因而也就不可能使生产结构得到优化和升级。农业产业结构是否合理，不仅取决于经济增长方式，还取决于农业科技的进步程度。在理论和实践中，农业科学技术作为农业结构调整的动力，势必具有客观必然性，这是因为农业科技进步不仅能促进产业结构升级，而且还能有效地调整农业内部结构，使之更适应市场需求变化。发展农业科技的目标之一就是要完善农业结构，提高农产品的市场适应性，提高竞争力，增加提高农产品产量和质量的有利条件。同时，由于我国农业资源有限，农业科技进步对促进农民增收具有重要作用。农业结构调整可以以农业科技推广为手段，应用生物基因、农业技术装备等其他先进技术，对农业发展必然会起到巨大的推动作用。

其次，在农业产业结构中，农业技术的作用具体可表现在诸多方面，如先进的农业机械工程技术、农业水利技术开发与应用等，既可以节约劳动生产成本、降低劳动者的劳动强度，又大大提高了生产效率，使农产品品质得到改善和提升。农业结构调整必须要以科技进步为动力，而不是依靠增加投入和调整政策等手段。农业转基因种植技术、大棚种植技术等的广泛应用，既拓展了农业生产空间，使农产品增产，还增加了农作物种类，使质量得到优化，使农产品的使用价值得到放大，确保农业生产结构达到最优。同时，这些先进科技的运用还促进了现代农业生产经营体制的改革和创新。例如，在实际工作中，应用了太空育种技术种植出来的蔬菜和水稻产量有较大提高；玉米杂交种的大量运用大大提高了单位面积土地的经济效益，同时为农民增收作出了贡献；在温室大棚种植方面，先进栽培措施及其他科技成果得到了推广和应用，不但可以提高产量、增加品种、改善质量，还形成了区域化，使得生产布局专业化，这些都是现代农业科技应用于农业生产带来巨大效益的实例。农业高新技术的研究和推广应用，在理论和实践两方面均证明，可以大大提高我国粮食的综合生产能力，在粮食作物种植比例下降时，粮食总产量持续提高，扩大农业发展空间，不断优化农业结构。

3.推动资源节约型和环境友好型农业建设，保证农业可持续发展

我国农业资源存量少、人均占有水平低，加之当前农业生态环境受损，从而

使耕地、淡水等农业资源日益稀缺。长期以来，我国农业增长模式以粗放型发展占据主导地位，由此造成农业资源的开发和利用浪费严重。农业可持续发展内在要求为农业发展必须节约资源、保护农业生态环境。依靠农业科学技术的研发、推广和应用是实现农业资源节约的最有效途径，运用科学技术可以促进对农业和农村生态环境的保护，从而最终为农业的可持续发展提供强有力的支持。农业科学技术可以从提高资源利用效率、减少资源使用量和资源替代等方面节约资源的使用。大力发展农业环境科学技术和技术装备可以实现对农村和农业环境污染有效的治理和保护，如运用低产田高效改良技术可以科学开发利用后备耕地资源；运用土壤检测和修复技术可以跟踪保护治理土壤环境；污水检测、处理设备和技术等可以保护农业水资源。

4. 提高农业产品质量，推进安全健康农业的发展

农产品质量安全是食品质量安全的基石，这不但事关农业的健康持续发展，更会直接影响人类的健康。实践证明，农产品质量安全问题的产生，虽然有管理、体制和机制等各方面原因，但科学技术的支撑力不足是十分重要的原因。可以说，农产品质量的提高和品质的改善都离不开农业科学技术的保障，而安全健康的农业产品更加需要农业科学技术的保驾护航。

5. 改变农民的生产方式和生活方式，促进农村的全面发展

农业科学技术能够促进农民劳动条件的持续改善，劳动强度越来越小，收入水平越来越高，由此激发农民学习使用先进技术代替传统的人工劳作，使他们掌握科学文化知识，提高劳动技能，成为新型职业农民。因此，发展现代农业必须依靠科技创新和应用。先进农业科学技术一旦为广大农民所掌握，肯定会导致农民在思想行为上发生一系列的转变，对农民的传统价值观念和生活习惯都会产生一定的影响。

农业科学技术使农民的农业生产活动省时省力、效率更高，使得农民掌握了更多的农业信息资源，从而改变了农民的生活方式。农业全程机械化技术和智能无人机技术使农民脱离了"面朝黄土背朝天"的耕作方式；智能养殖和智能温室

大棚技术减少了农民的劳动量，提高了农业生产的效率；现代计算机信息技术为农民提供了更加方便、快捷的农业信息资源；伴随互联网技术的普及，"互联网＋农业"更是扩大和提高了农业科技的推广范围和水平，逐渐改变了传统的农业营销模式和农民生活方式。

（三）现代农业科学技术的发展趋势

1. 农业生物技术

农业生物技术的重点是农业生物，改革技术是为了更好地应用。农业生物技术的主体包括细胞工程、基因工程、发酵工程和酶工程等现代生物技术。农业生物技术是一门涉及多学科和高新技术的综合性科学，其发展水平已成为衡量一个国家或地区农业现代化程度及综合国力的重要标志之一。其研究的内容以基因工程育种为主，另外还有生物反应器、生物农药、生物除草剂、生物肥料及其他。近年来，随着我国科技水平和经济实力的不断提升，农业生物技术产业得到迅速发展。在此方面，我国取得了许多成就，在国际上，我国在农作物生物技术方面的研究水平仅次于美国；我国新品种水稻的开发达到世界先进水平；从动物生物技术的角度看，我国的研发虽然起步晚，但是，已经从简单模仿向自主创新过渡。

2. 设施农业技术

基于现代工程技术手段，农业工作者应采用工业化生产方式，充分利用了土壤、气候和生物潜能，给动植物生产打造了一个可控、适宜的生长环境，用较少的劳动力从事有限土地的劳作，最终实现农产品的高产量和高经济效益，达到农业增产和农民增收的目标的实现，都离不开设施农业技术的应用。设施农业作为现代农业技术的重要组成部分，可以提高农作物产量和质量，改善农产品结构，增加农民收入，实现资源合理利用。设施农业的特点是投资大、技术含量高，其特征为高品质、高产量、高效益。近年来，随着我国经济水平的提高，人们的生活水平不断提高，对蔬菜的需求量越来越大，我国设施农业得到了迅猛发展。

3. 资源节约型农业技术

将提高资源利用效率作为农业的中心，就是资源节约型农业的基本要求。我们不仅要在土地资源和水资源等方面采取节约措施，同时对肥料、种子和农药的使用也要遵循节约原则，实现能源物资的综合循环利用。相关技术包括节水技术、节肥技术、节能技术、节地技术和节种技术等。我国农业可持续发展受到自然资源承载能力的刚性限制，我国人均耕地和水资源分别只有世界人均水平的1/3和1/4[1]，可见，大力发展和推广资源节约型农业技术是我国农业发展的必由之路和战略选择。

二、农业科学技术推广组织、模式、方法与程序

（一）农业科技推广的概述

1. 农业科技推广的概念

农业科技推广是指利用试验、示范、宣传和培训等方式，将所取得的某些适用的农业科技成果转移、传播和扩散到农业生产实践中，从而将其转化为现实生产力的过程。在我国，农业科技推广的目标是有效促进科技成果的转化，加快农业技术的普及和应用，发展高产、优质、高效、生态和安全的农业。

2. 农业科技推广的原则

（1）保持农业可持续发展和提高农民收入

农业科技成果推广如果不能切实产生经济效益，提高农民收入，其推广的吸引力将大大下降，其迅速推广、普及的难度也将大大增加。成功的农业科技推广一定会带来农业生产产量的提高、生产效率的提高和成本的下降等效果，从而为农民带来实惠。因此，农业科技推广一定要遵循造福农村、增加农民收入的原则。科学技术是把双刃剑，先进的科学技术往往在带来经济收入增加的同时，也会产生对资源、环境的破坏，而保持农业可持续发展是我国农业的长期发展战略。要实现农业和农村经济发展的可持续性，在农业推广过程中，就要首推资源节约型和清洁安全型等农业科技技术，要慎重选择对农业农村资源环境有害的科学技术。

---

① 韩俊.推进农业供给侧结构性改革提升农业综合效益和竞争力 [J].理论参考，2017.

（2）注重农业科技成果质量

在农业科技推广过程中，对科技成果的选择直接决定了推广的效果，如果选择不当非但不会产生效益，反而有可能造成巨大的经济和非经济损失。一项农业科技成果能否迅速、有效地推广、转化，影响因素是多个方面的，但根本原因是农业科技成果是否对农业生产者具有吸引力，即农业科技成果的质量是推广、转化的先决条件。一项研究成果具有一定的技术先进性、技术成熟可靠、经济效益显著和操作可行是科技成果从科研领域进入经济领域的前提条件。可见，选择质量可靠的科技成果是科技推广的首要内容和程序。农业科技成果的质量可以从先进性、成熟性、实用性和安全性等各个方面考察。在实际操作过程中，科技成果一定要经过权威科技管理部门的全面鉴定且合格，不合格的成果绝不能被列入推广范围；要考察科技成果是否比已推广成果具有更为科学、先进的实用价值；要确定科技成果在应用过程中的稳定性和可靠程度，对于稳定性差、成熟度不高的科技成果要慎重考虑。

（3）因地制宜和试验示范

因地制宜必须从当地的实际情况出发。我国幅员辽阔，各地农业生产的自然环境、经济环境、技术条件和人文社会环境各不相同。任何农业科学技术都有一定的适宜区域，不可能在任何地方都能获得成功推广。因此，各种农业科技推广活动要考虑当地的环境，要做到先在当地进行试验示范，如果效果良好且取得农民信任，则再从点到面进行推广；要结合当地实际，因地制宜地制订和实施不同层次的推广计划，例如，在经济比较发达的地区，可以选择资金投入高和技术含量更高的农业科技项目进行推广；在经济落后地区，应该选择资金投入少和占用技术少的农业科技进行推广，并要考虑当地的人文环境和农民的承受能力。

（4）讲求综合效益

《中华人民共和国农业技术推广法》规定，农业科技推广必须遵循"兼顾经济效益、社会效益，注重生态效益"的原则，即农业科技推广要讲求综合效益最佳。提高劳动生产率、发展循环经济、增加经济效益是农业科技推广的基本着眼点。唯有产生经济效益，农业科技成果才能有吸引力，才能得到迅速推广。与此同时，社会效益是农业科技推广所谋求的目标之一。也就是说，提高社会生产力是农业科技推广的最根本任务。在推广农业科技的过程中，要综合考虑国民经济发展的需要，满足人们对物质生活和精神生活的需求，同时，还要考虑经济效益，以获取最大效益为目的。农业科技推广也要强调生态效益，必须有利于生态环境的保护，使生物和环境之间形成动态平衡。农业科技推广不仅要考虑当年的效益，还要考虑长远的效益，克服短期行为。由此可见，农业科技推广讲求综合效益，要实现经济效益和社会效益相结合，也要实现长期效益和短期效益相统一，并注重生态效益，保护农业农村生态环境。这就要求在农业科技推广过程中，争取做到技术和项目选择综合考虑，不要盲目追求经济产出，要注重生态平衡和长期效益。同时，示范、试验和推广不要只顾短期利益得失，要考虑整体利益和长期利益。

（5）强化合作，共同促进

农业科技成果的推广不是科学研究和科学实验，不能由少数人或者个别机构在实验室完成。离开农业科技推广机构的推广人员、劳动者和生产者等各方的积极参与和合作，农业科技成果的推广是不可能达到预期效果的。因此，要加强农业科技推广人员与农民的协作，共同开展农业科研、农业教育和农业推广三个领域的协作。农业推广部门要配合社会相关部门，激发农业科技推广人员的工作热情。农业科学研究所及其他社会部门应积极、广泛地参与推广活动，改善农民对新科技的学习兴趣，将推广农业科技和普及科技知识与增强农业劳动者的科技素质相结合，推动专家及各机构协作，积极分享和讨论技术经验，最后联合推动农业科技推广，推动农业科技成果转化，大力提高农业生产力。

（二）农业科技的推广

1. 农业科技推广体系

农业科技推广体系包含很多方面，主要包括农业推广的服务方式、农业推广机构的建立、农业科技推广的运行机制和农业推广人员管理制度等。它是一个有机联系的整体，在一定程度上决定着农业科技的发展水平。各国的政治和经济体制都不相同，与之相对应的农业科技推广体系亦各有区别。各国都根据本国国情，建立了适合自身发展的农业科技推广体制。例如，美国由农学院统一领导与管理；日本推行政府与农协双轨道并重的农业科技推广制度；我国目前主要有大学、科研单位和农技推广站三种形式的农业科技服务体系，其中以高校为主。大多数国家的农业部门都实行从上到下的治理，建立了农业科技推广机构。中国农业科技推广体系在中华人民共和国建立后由政府统一指挥，分别隶属于各级政府的农业行政管理部门。

发展现代农业必须依靠科技创新和应用。随着我国社会主义市场经济体制的逐步确立和发展，农业科技推广的主体开始朝着多元化的方向发展，我国农业科技推广体系亦在不断发展中，由单一政府主导推广体系，发展到政府推广体系占主导地位，农业科研和教育部门、农民合作组织、供销社和企业组织等相关群众团体协作参与的农业科技推广系统，它主要表现为政府主导型、多元参与型、相互协作型和互补型。

2. 农业科技推广组织

作为组成农业科技推广系统的职能机构，农业科技推广组织的重要性不言而喻。服务"三农"是农业科技推广组织的主要职能，它的工作内容围绕农业、农村和农民开展，它不仅参与政府农业科技推广规划和决策工作，还兼具农民培训与示范普及的实施工作任务。由于过去社会经济条件差，农业科技力量相对薄弱，农业科技推广机构数量少且分布不均衡，农业推广组织不完善，农业科技成果转化通道不健全，农业科技成果难以进入生产领域，因而也难以转化为生产力。在市场经济条件下，建立与发展新型农业科技推广组织已成为我国现阶段解决"三农"问题的重要措施之一。农业科技推广组织种类可以划分为政府型农业科技推广组织、教育与科研型农业科技推广组织、企业型和自助型农业科技推广组织。

（三）农业科技推广的模式

1. 政府主导型农业科技推广模式

在农业科技推广模式中，政府主导型农业科技推广模式在中国农业科技推广的发展历程中始终占据着主导地位。政府主导型农业推广模式是指依托政府农业部门，以落实政府政策、提高产量、增加农民收入、综合发展农业为任务的推广模式。这种模式属于五级政府主导型农业科技推广，分别由国家、省、地、县、乡共同负责，是我国当前农业科技成果转化的一条重要渠道，在农业科技推广方面作出了重大贡献。随着经济社会的发展和信息技术的快速应用，我国出现了众多政府主导型的农业科技推广新形式，如我国广泛建立的农技 110 服务、农业科技示范园区、科技下乡、科技特派员等模式。

2. 以农村合作组织、农民技术协会为中心的推广模式

该模式是农户共同自助的农业科技推广组织形式，邀请科技人员作为顾问，其主体是农户，他们都是在种植、养殖和流通等方面的佼佼者。该模式通过专业合作社或企业等经济实体来提供服务。有关部门或组织为了适应专业化生产中农业科技发展的要求，本着自愿互利、民主协商的原则，将农户进行整合，建立各种专业性农业技术协会或者机构等，通过这些专业协会和组织向广大农民传授先进适用技术，使其掌握现代农业科技成果，提高农产品品质和产量，增加农民收入，从而推动整个农业产业的结构调整。农村经济组织发挥了联结农户和科技的作用。在基地和公司之间、农户和市场之间起着桥梁和纽带作用，新技术和新成果一经推出，便会迅速传达到每一位成员，切实加速了农业新技术的发展推广，同时也使农民成为科技成果应用和转化过程中最活跃的因素。这一推广组织形式通常是向政府有关部门汇报，并受到法律保护的，具有广泛的群众性，是农民自己组建的一类专业经济实体。其经费通常都是会员集资，政府为了加速农村经济发展，倾向于在经费、工程技术和信息政策等方面给予其一定的支持。"农科社"就是一个典型的例子，其主要特点是以农民为主体，依靠自身积累开展科技咨询、技术推广工作，通过建立合作社或专业协会来实现产业化经营。在农村改革日益

深入的今天，只有借助于股份制、股份合作制等途径，汇聚内外技术力量，才能进一步扩大这种模式的规模。

3. 以公司或企业作为主体的推广模式

在这种模式下，企业立足农户、面向市场，注重经济效益，主要靠自己的科学技术及力量搭建销售体系，推销农产品并进行农业科技推广服务。这种模式最终的目的是实现一体化生产经营模式，使科研、开发、推广、生产和销售等环节有序进行，流畅推进，从而改善农产品的品质，提高农业经济效益。目前，我国大多数地区已开始实施农业技术推广服务体系建设工作，并取得了显著成效，但还存在着许多问题，需要进一步完善。企业从事农业推广服务，以提升自己产品的市场占有率为主线，以建设优质农产品生产基地为目标来实施，可以选择适合的技术项目进行示范推广，通过农业技术推广服务使农业科学技术转化为现实生产力。比如，利用农产品作为加工原料，以保障必要的原料供应，扩大企业利益。新技术的开展要符合市场需求的动态分析，新品种的开发和试验是为了给农民提供更好的技术服务，所以要引进好品种进行科学栽培和养殖。在上述过程中，企业应该通过提供信息和技术咨询帮助农户解决实际问题，从而获得更多的收益。这种模式的经费来源自企业自筹、开展有偿服务等。

（四）农业科技推广的方法

农业科技推广方法，是指农业科技推广组织及其推广人员为了实现推广目的而采取的方法，这些方法具有针对性，有不同的形式，还包括各种组织措施、教育与服务手段等，在内容上包括了科技信息、宣传鼓动、技术培训、示范推广等。农业科技推广手段与方法是不同的，专门指在农业技术传播过程中所使用的多种载体和媒体。

1. 大众传播法

在科技推广中，大众传播法使用最为广泛，是农业科技推广人员或者部门对农业科学技术及有关资料进行筛选后，对其进行加工、整理并借助大众传播媒体向农民推广科技的方式。它是由科技传播者运用各种传播媒介向受众传递信息，使其获得新知识和新技能的过程，也就是对技术成果进行广泛传播和应用的活动。大众传播法有如下几个特征：信息传播具有较高的权威性；传播快速且低成本，效益很高，传播的范围很广；具有良好的时效性；通常是单向传播的。

大众传播媒体主要有两种，一种是文字印刷品媒体，另一种是视听媒体，这两种类型各具特色。文字印刷品的媒体有报纸杂志、墙报、黑板报和书籍等；视听媒体主要有广播、电视、视频、电影和短信，还有互联网以及移动互联网等各种表现形式。

目前，随着互联网技术的应用和发展，移动互联网逐渐被广大青年农民所接受和应用，运用移动互联网推广农业科技成为一种新型、有效的方式。例如，微信公众平台在农业科技推广中的应用。微信平台具有传播范围广、素材多样、流量高、成本低、双向互动、定制化和人性化的特点，利用微信进行农业科技推广，不但高效、便捷，还可以有效解决农业科技推广服务"最后一公里"的问题。

2. 集体指导法

集体指导法被人们称为"团体指导法"，也称为"群体指导法"。这种方法是指在同一时间和同一空间范围内，农业科技推广人员向有同样或相似需求和问题的若干目标群体的成员提供指导，并传播信息。其实，也就是在同一类区域，在其生产和经营方式都相同的情况下，采用适宜的方法进行农业技术指导和信息传递，包括小组会议、培训、参观考察、示范和现场指导等，这些方法的特点就是可以将农民集中起来统一指导。集体指导法既不同于一般的宣传鼓动方式，又有别于单纯依靠行政力量的"突击式"工作，能一次性地将信息传播给多个受众，信息量大，范围广泛，效率高，适用于各种不同规模的农业技术推广活动，特别适合我国现阶段农村生产力水平低、分散经营的现状，因而被广泛采用。

集体指导的方式有集会、小组讨论、技术培训、现场指导等。关于实际工作的操作，可以发现不同的活动形式各有特点，并可根据具体情况选择适当的方式进行。在以上的集会形式中，经验交流会是普遍采用的一种集会形式，还有专题讲习班和科技报告会等集会形式。

（1）小组讨论在各种推广方式中，小组讨论使用得较为普遍。

这种办法就是针对人们普遍感兴趣和关心的问题展开讨论，其目的是找到解决问题的办法。小组讨论可以分为正式会议和非正式会议两种形式。通过组织研讨，人们可以在普遍关注的问题上取得共识，还可以实现相互学习，如水稻生产过程控制、种子质量管理等。普通的农业科技推广经常会用到农业技术的专题讨论和非正式讨论的方式，一般参加小组讨论的人数控制在6~15人。

（2）技术培训

技术培训是指一定时期内的培训，其形式基本上是开办培训班。培训班将农业科技推广项目中的相关人员整合组织起来，培训的核心内容就是推广项目实施中存在的相关问题，采用以宣传教育为重点的宣传方式进行推广。技术培训在科技推广中经常采用。

（3）示范

示范有成果示范和方法示范两种，在推广工作中常被采用，十分有效。示范是指经过实际操作，将某项新成果实际运用于农业生产而取得的效果，或者将某项新技能的具体操作步骤呈现给农民。示范要注意选择有代表性的典型区域，如粮田、果园、茶园和蔬菜大棚等。例如，水稻优良品种在引种试种成功后，选择示范户和示范地点开展示范推广工作是十分必要的，要将示范效果呈现在周边农户面前，这样可以引起广大农民的兴趣，吸引他们纷纷仿效，同时要做好大范围推广的准备。方法示范的具体措施包括果树修剪、棉花打顶、玉米采笋、雏鸡的公母识别等。

（4）现场指导

要将农村基层领导组织起来，还要将农户技术员、科技示范户和农户也组织到试验田或者示范现场，让他们进行实地考察，农业科技推广人员进行现场指导，以实际案例的形式展开。将讨论、考察和示范整合推广，是农业科技推广的一种重要手段。

（5）巡回指导

农业科技推广人员可以采取走乡串户的方式，和农民面对面，为他们传授农业技术和信息。例如，田间课堂这种形式是农业科技推广人员经常使用的方法，也是基础、有效的方法。

3. 个别指导法

个别指导法，顾名思义，就是农业科技推广人员单独与农户联系，研究和探讨农民普遍关注或关心的课题。它是一种直接为个别农户提供情报、建言献策的农业科技推广方式。在农业技术推广过程中，农业科技推广人员应根据具体情况采用不同形式的个别指导法。农民由于受教育程度和年龄层次不同的限制，其经济和环境条件也存在差异，在接受创新回应上亦有不同反应，农业科技推广人员应当增强指导的耐心，循循善诱，这样才有助于农民接受新技术。农业科技推广人员在采取个别指导时宜从实际出发，针对具体对象提出有价值的意见。它的针对性较强，方便双向沟通。

常用的个别指导法有多种形式，包括农户访问、办公室咨询、信函咨询和电话咨询，还有现在使用较多的互联网服务和计算机服务等。在现代社会，计算机已成为农业科技推广工作的一个重要辅助工具。常见的计算机服务有技术检测、专家系统和信息服务系统等。

4. 项目推广

项目推广就是一种项目计划型的推广方式，是指有关单位或者机构有规划、有组织地开展农业科技成果推广的工作，多采用项目形式。这种推广活动通过政府财政转移支付等途径对项目进行补助，最终使项目成果转化为现实生产力并产生效益。在我国现阶段的农业推广中，项目推广是一种重要的推广形式，在一些经济发达地区，已被证明具有一定成效。各级农业行政管理部门可以每年从现有的科研成果、引进技术等方面整理出一批重点推广项目进行大范围的推广。

项目推广的运作特点是具有无偿性，也就是农业技术的选择和运用要看政府的导向，农业科技推广部门通过财政拨款获得经费，无偿提供技术服务。

例如，农业部、财政部联合举办的综合性农业科技推广"丰收计划"，国家科技部设立的"科技成果重点项目推广计划""星火计划"，教育部提出的"燎原计划"、菜篮子工程、科技扶贫项目，还有农业科技园区建设项目等。另外，一些地方还建立了以乡镇为单位的技术推广站，省、市、地区不同级别也有对应的推广项目，在一些地方还形成了政府主导与企业主体相结合、以农户参与为主的多元化推广格局。这些措施都成为推广农业新技术的重要手段。

5. 综合服务

综合服务型的推广方式就是农业技术推广部门以农业技术推广为中心，形成技术、信息和物资配套的综合服务，因此，综合服务又称为"经营服务法"。经费不足限制了我国农业推广工作的效果。随着经济体制改革的不断深化和市场经济的迅速发展，农民对农业技术推广服务的要求越来越高，迫切希望得到更多的科技知识。因此，农业技术推广机构、农业科研单位及相关学校从农村经济发展需要出发，可进行技术指导和物资供应等多种经营服务形式。综合服务可分为技物结合服务和实体服务。

（1）技物结合服务

技物结合服务就是指农业技术推广部门发挥自身专业优势，把物化了的科技产品和应用技术服务"捆绑"起来，从而达到"开方"和"卖药"并重的目的。这种新型农业技术服务模式就是将科技成果转化为生产力的重要手段之一，通过技术载体进行传递和转移，实现新技术的应用和普及。

（2）实体服务

实体服务依托农产品基地，其中心内容是对基地生产需要的科技产品及有关生产资料进行管理，大力发展种养加农工贸、产供销一体化的企业型经济实体。经济实体作为一个独立经营单位，独立核算、自负盈亏。因此，经济实体要有明确的目标，并在此基础上建立合理、有效的组织结构。实体经济运营的实施可以提高其积累能力和发展活力，形成"服务—经营—累积—服务"的良性循环模式。

6.技术市场

从狭义上讲，技术市场就是以商品交换的场所，不过这里的商品是技术成果，它包括技术交易和技术转让两个方面。从广义上讲，技术市场就是技术成果流通的领域，可以看作技术成果交换关系的总和。技术交易活动是整个技术市场的基础和核心。在技术市场上交换的物品往往表现为知识形态。技术成果不是一般意义上的商品，表现形态多种多样。从不同形态角度来划分，技术市场可分为有形技术市场和无形技术市场。技术市场由下列特征组成：技术商品即知识商品，其内容形式包括图纸、数据、技术资料、工艺流程和操作技巧以及配方等；技术商品交易，本质上就是使用权的让渡；技术商品的转让有其特定的表现形式，常以转移、咨询、沟通、鉴定及其他形式进行，直至买方熟练掌握该技术为止，交换过程才算结束；技术商品的价格难以确定，价格通常是买卖双方通过谈判协商来确定的。

技术市场的经营范围十分广泛，包括技术承包、技术转让、技术入股和技术开发。

（1）技术承包

技术承包以农技推广部门为主，以科研为辅，还包括教学单位，三者发挥各自技术专长，以试验示范并取得经济效益为目的。在开展农业技术开发新领域的农业科技推广活动时，推广单位或推广人员与生产单位或农民要签订承包合同。当然，合同的签订是建立在双方自愿、互惠、互利的基础上的，然后利用经济手段，再以合同的形式进行技术推广。这种模式是目前最普遍采用的技术推广形式。这是一种与经济效益挂钩的有偿服务方式，以计算报酬为目的。目前，我国已有不少地方采用了这一做法，并取得了较好的效果。推行技术承包，有利于提高双方的责任心，农民的积极性普遍高涨，有助于农业科技迅速且广泛的普及。目前，各地都非常重视农业技术推广部门开展的技术承包活动。技术承包的一般形式主要包括联产提成技术承包、定产定酬的技术承包、专项技术承包和集团承包等。

（2）技术转让

技术转让，是指某一具体现有技术向不同法律主体转让的过程。农业技术转让是指农户有自行开发的意愿，也有新技术应用的素质，新技术购买意愿强。因此，由推广人员中介帮助，从技术发明人处采购新技术。此法引导部分农业科研成果向商品转化，用物化的方式将农业生产上运用到的技术宣传推销给农户，通过推销实现宣传。这种方式属于有偿转让方式，主要采用的物化技术成果或非物化技术成果大多经济效益明显，其技术难度大、容易控制、起效快、区域性小。

（3）技术入股

技术入股，是指高校和科研单位将经过研究取得的拥有独立知识产权的技术成果，作价以股份方式向生产和应用单位投资，将科研单位技术优势与生产单位资金、原料、设备还有供销渠道等优势相结合，双方一起宣传新成果。目前，我国大多数高等学校和科研机构已普遍采用了这一方式。推行这一方式，必须遵循自愿互利的原则，坚持利益共享。以技术入股方式推广技术成果，多为可控程度高的物化成果，也有部分可控性强的非物化技术成果。

（4）技术开发

农业技术的发展必须依靠科技，还要面向市场，开发和利用自然资源或者科学技术成果，以增加经济效益为目的，包括新产品的研制及新技术、新工艺的引进、消化、吸收和应用等环节。在农业技术推广中，技术开发是行之有效的途径之一，但是，这一途径的普及，必须同组装研究、试验示范相结合。近年来，国外一些国家已经把技术开发作为一项重要内容列入农业技术推广体系中。这一途径一般是农业科研或者推广部门和生产单位或者成果运用单位之间的一种自愿互利的关系，以平等协商为原则，选定一项或几项工程为联营和发展的对象，确立科研—生产或技术—生产紧密型、半紧密或松散型的联合体。

7. 公司（企业）加农户

这一途径一般是指涉农的公司企业和一般农户直接建立联系，向农户供应公司生产的相关新型农产品，如化肥、农药和农机具等。如果农民不清楚怎样使用这些新产品，则企业会派出技术人员进行指导，帮助农民正确使用。近年来，随着农业产业化进程的不断加快和农村经济结构战略性调整步伐的进一步深化，一些有实力、有影响的大公司、大集团也纷纷涉足农产品流通领域。它们一般围绕当地的支柱产业或重点产品展开活动，在利益机制的联系下，以合同契约的形式与农民组成利益共同体进行产供销的一体化运作。

采用上述的方式，涉农公司担负起部分农技推广任务，基地建设不断加强，同时形成一定的生产经营规模，帮助农户调整农产品结构；同时，作为一个中介组织，把农民引向市场，在一定程度上克服了小生产和大市场的矛盾，让农民市场组织化的程度不断提升。在此基础上，需要建立相应的中介服务机构，为农业产业化提供支持，促进农村经济发展。中间组织可以由多个类型组织担任，相关工业企业、商业企业、技术服务公司或者其他经济实体都可以成为中间组织。

8. 民间组织加农户

民间组织加农户这一途径其实就是农民需求结合的结果，农民联合起来建立各类合作社、专业协会（研究会）等各类专业性服务组织，进行农业的产前、产中、产后自我服务。这些专业协会大多是专业户共同组织起来的，与科研单位和高等院校有专业指导上的联系，然后将农业技术推广给广大农民。通过这类组织，科学技术向生产力快速转化。这类组织对于加快农业科技向农村普及推广，推动农村商品经济发展，起到了巨大的影响作用，对我国当前农业科技推广网络进行了有效的补充和拓展，因此，在各类农业推广活动中起着举足轻重的作用与地位。目前，各地普遍建立了各种类型的农民专业合作经济组织。这类组织能使农民自我协作、自我管理、自我服务，并做好技术咨询服务、信息传递等工作，促进了一大批新型农民的成长。

我国现阶段民间组织加农户的组织形式分为三种，分别如下：

第一种，组织的发起人是一部分人，这部分人必须懂得技术，善于经营，善于管理。然后，由带头人向组织中的农户提供专业技术服务。

第二种，属于以专业户和重点户为首的专业化民间生产服务，这类服务主要包括技术、物资和信息服务等。

第三种，这类组织是由农民主动结合的，以集资方式办公益事业，开展自我管理和自我服务，最终实现农业技术的示范和推广。

（五）农业科技推广的程序

1. 农业科技推广的基本程序和步骤

农业科技推广最基本的程序是试验、示范和推广。但是，伴随着农业科技推广的理论不断完善，农业科技推广的程序更加细化，一般分为六步：

（1）项目选择、论证和确定

项目选择的整个过程包括收集资料、制订方案和选定项目。因此，可以说，项目选择是开展农业科技推广的先决条件。要搞好农业科研和推广项目的选择工作，首先必须了解项目所需要解决的问题，然后才能有针对性地确定适合自己的项目，从而提高项目决策的科学性和合理性。项目选择的准确性十分关键，选择一个适合的项目相当于农业科技推广的工作完成了一半。项目信息的来源主要有四个方面：一是引进外来技术；二是教学科研组织科研成果；三是农民生产的先进经验；四是农业科技推广部门的技术提高和改进。

农业科技推广部门在推广农业技术时，需要结合本地的自然条件、经济条件和产业结构，还要根据农民需求和农业技术障碍等因素，始终遵循项目选择原则，开展项目的预测与筛选，初步判断推广项目。在推广过程中，农业技术推广部门邀请相关研究专家、教授和技术人员成立论证小组，论证涉及教学、推广和科研等其他各领域，全面论证工程具有的主客观条件。

（2）推广试验

推广试验也称为"中间试验"，是科研到生产应用之间的重要环节，是指通过中间试验观察科研成果在当地不同条件下的具体表现。科学实验的成果具有相当大的局限性，只有经中间试验才能确定科学实验成果在当地推广的适应性和可行性，同时探索科技推广的综合配套技术措施，以保证因地制宜地应用新的科技成果。推广试验的成败直接影响项目推广能否继续。

（3）示范

示范可以进一步验证农业推广科技在当地的适应性和可靠性，还可逐渐扩大新技术的使用面积，为大面积推广做准备。我国的农业推广示范环节多采用选定科技示范户或建立示范田的方式。示范可以起到树立典型的作用，对推广项目的成功有直接且重要的影响。因此，在示范过程中，农业技术推广人员要紧密联系示范户农民，向他们传授知识和技术，提供必要的信息和物质帮助。

（4）培训和服务

培训和服务是农业推广项目得到迅速和高效普及的基础。培训是一个技术和信息的传递过程，可以帮助广大农民掌握新技术。农业技术推广人员经常用的培训方法多种多样，包括科技培训班、现场指导会议、巡回指导、田间传授、技术信息市场等，宣传的方式也各种各样，如广播、电视、电影、视频、电话和互联网等。服务这一环节不仅仅是在技术上进行服务指导，也包括在供应物资和农产品贮藏加工和运输，以及开展其他便农服务。

（5）推广

推广是指新技术成果应用范围迅速扩大的过程，也是农业推广技术成果和技术转化为生产力的过程。农业科技推广要采用适当的方法，常见的推广方法和手段有宣传、培训、科技讲座、技术咨询、技术承包等。

（6）评价和反馈

评价是对农业科技推广工作进行阶段性总结的综合过程。当推广结束时，相关人员要进行全面和系统的总结和评价，以便提高、充实和完善所推广的技术。当对农业科技推广进行评价时，要体现经济效益、社会效益和生态效益的统一，切勿只重视经济效益。评价过程要注重信息反馈，以便随时发现问题和差距，迅速改进和完善措施，继续推动新技术的推广。

2.农业科技推广程序的灵活应用

农业科技推广的程序分为六个步骤，一是项目的选择和确定，二是推广试验，三是示范，四是培训和服务，五是宣传，六是评估和反馈。农业科技推广通常按

"试验—示范—推广"的基本次序进行。但是，在实际推广过程中，农业技术人员对于很多情况要灵活掌握，不能生搬硬套这些程序。

第一，即使是在相同的自然生态条件下，先进地区和落后地区在思想观念上还是有很大不同，很容易出现某一项先进技术已被先进地区普及开来，但在落后地区尚未投入使用的情况。基于这种现象，为了推动落后地区的农技推广，可直接采取参观和示范等推广方法，直接跳过试验阶段。

第二，群众的力量是无穷的，专家出自民间和实践。一些有着丰富农业经验的农民，在多年的务农实践中，根据本地实际，能总结出来有效的实用技术和先进经验，这些技术和经验就可以由农业技术推广部门采取现场会和参观的方式直接推广，而不需要试验和示范。

第三，科研部门根据本地自然条件和生产条件选育出的一些新品种及其他农业成果，在当地多点试验，并有一定规模示范，新品种经审定后，就可直接进行推广。

第四，科研部门为解决某一地区的主要问题而研究的新技术，针对新技术已经进行了试验、示范，而且效果显著的，当地农业技术推广部门可直接进行推广。

第五，对于推广大范围综合组装工程和项目，综合组装的技术一般都是在当地经过多年实用的单项技术或是正在推广应用的技术，已经通过了实践证明是有效的，这类项目在装配后可以直接推广普及。

第二节　农业劳动力

一、农业劳动力资源的概述

农业劳动力资源是农业生产的主体。研究农业劳动力资源管理，要从其概念和特点出发，探索有效管理和合理利用的途径。

（一）农业劳动力资源的内涵

1. 农业劳动力资源的概念

农业劳动力资源是指能够直接或间接参加和从事农业生产劳动的劳动力数量和质量的总和。一般认为，农村中男性 16~59 岁、女性 16~54 岁，具备正常的生产劳动能力的人为农业劳动力。但是，从我国农业生产的实际情况来看，许多从事农业生产劳动的农民已经超过了这个年龄范围，因此，应该从农业生产的实际情况出发来界定其范围。农业劳动力资源包括数量和质量两个方面。

2. 农业劳动力资源的数量

农业劳动力资源的数量是指农村中已经达到劳动年龄和虽未达到或已经超过劳动年龄但仍实际参加农业生产劳动的人数。农业劳动力资源的数量主要由两个基本因素决定，即自然因素和社会因素。其中，自然因素由自然规律决定，包括农业人口的自然增长率、达到或超过劳动年龄的人数以及原有劳动力的自然减员，是引起劳动力资源数量变动的主要因素。社会因素主要包括经济社会发展程度、国家所采取的人口政策与措施、劳动力资源在各产业部分的分配比例以及农村福利政策。

3. 农业劳动力资源的质量

农业劳动力资源的质量是指劳动者的身体素质和智力水平，其中，前者主要指劳动者的体力强弱，后者包括劳动者的科学文化水平、劳动技术水平和生产熟练程度等因素。农业劳动力资源的质量变化，主要受农村教育发展和智力开发、农村医疗卫生条件以及农业现代化水平等因素的影响。在传统农业生产条件下，农业劳动者的身体素质是衡量农业劳动力资源质量的主要因素。随着农业生产力的发展，农业生产转向以机械操作为主，农业科技推广应用发展迅速，科技水平不断提高，农业劳动者的智力水平逐渐成为衡量农业劳动力资源质量的重要指标。

（二）农业劳动力资源的特征

劳动力资源是农业生产的重要资源之一，与土地资源、水资源等农业自然资源及农业生产资金相比，具有以下特征：

1.农业劳动力资源的可再生性

由于人类的繁衍和进化，劳动力资源在人类的新老生死交替中不断得到补充，使人类改造自然的活动不断延续下去。因此，从整体上看，农业劳动力资源是一种永续性资源，只要使用得当，就可以不断地得到恢复和补充。这一特点决定了农业劳动力资源开发的连续性，一代人改造自然的过程直接影响着下一代人甚至几代人改造自然的过程和结果。这就要求开发和利用劳动力资源的过程必须有长远的统筹安排，把提高农业劳动力资源的整体素质和发展农业生产力紧密结合在一起，保证农业再生产顺利进行。

2.农业劳动力资源需求的季节性

农业生产受自然条件的影响较大，有明显的季节性，导致农业劳动力资源需求的季节性差异十分明显。不同季节的农业劳动项目、劳动量和劳动紧张程度存在很大差异，农忙时需要大量的劳动力，农闲时则会出现劳动力的相对过剩和闲置。而劳动力资源的服务能力（即劳动能力）无法储藏，在某一时期未被利用就会自行消失，不能存贮待用。这就要求农业生产实行专业化生产和多种经营相结合，对农业劳动力资源合理安排、有效利用。

3.劳动力素质的差异性

劳动力素质的差异性主要表现为农业劳动者的健康状况、文化知识水平和劳动技术熟练程度等方面的内在差异，是由社会经济条件和劳动者的主观能动性所决定的。农业劳动者素质水平，不仅影响农业生产工作完成的质量和效率，还会影响农业生产中某些复杂工种的执行能力。农业劳动者素质的提高，需要有发达的社会经济条件作为物质基础。

4. 农业劳动力资源的主体能动性

农业劳动力资源的主体能动性是由人类的特性决定的。劳动者具有意识，并能够利用这种意识去影响客观世界、改变人类改造世界的进程，这种主体能动性是人类社会进化和发展的动力。同样，农业劳动力资源对推动农业生产力的发展起着决定性的作用，农业生产中其他资源的开发利用状况，在很大程度上取决于农业劳动力资源的开发状况。因此，在开发利用农业劳动力资源的过程中，劳动者必须充分发挥特长，充分发挥主体能动性。

5. 农业劳动力资源构成要素的两重性

农业劳动力资源是农业生产的主体，一方面，作为农业生产中具有决定意义的要素，开发利用得当可以迸发出无限的创造力，通过农业劳动创造社会财富；另一方面，劳动者又是消费者，需要不断地消耗资源，消费社会财富。因此，农业劳动力资源如果得不到合理利用，不能与农业生产资料有效结合，不仅其创造力得不到发挥，还会成为经济增长的负担，甚至会成为社会的不稳定因素，影响社会的安宁。

（三）农业劳动力资源的供给与需求

我国农业劳动力资源数量多、规模大、增长速度快，同时，我国的耕地面积逐年减少，人多地少的矛盾十分尖锐。因此，研究农业劳动力资源的供给和需求的特点和影响因素等，对于有效解决农业劳动力供求矛盾具有重要意义。

1. 农业劳动力资源的供给

（1）农业劳动力资源供给的含义

农业劳动力资源供给，指的是在一定的时期内，当农业劳动报酬达到一定水平时，可以提供的农业劳动力的数量。农业劳动力资源供给问题是一个国家在经济发展过程中所必须面对并加以研究解决的重要问题之一。当前，我国农业劳动力资源供给数量是由已从事农业生产劳动力和可能从事农业生产的剩余劳动力两部分构成。

（2）农业劳动力资源供给的特征

①农业劳动力资源供给的无限性

农业劳动力资源供给的无限性是指与农业劳动力需求相比，农业劳动力的供给处于绝对过剩状态。由于我国经济发展水平比较落后，农业人口总量大，从而造成农业劳动力资源的供给持续上升，形成无限供给的趋势。这种趋势是我国社会主义初级阶段农业市场经济发展的一个基本特征。

②农业劳动力资源供给的伸缩性

农业劳动力资源供给的伸缩性是指农业劳动力的供给数量受农产品价格等因素影响呈现出增减变化。其主要表现是，当某种农产品价格高时，从事该农产品生产的劳动力迅速增加；反之，当某种农产品价格低时，从事该农产品生产的劳动力迅速减少，由此导致农业劳动力资源的供给数量增减变化幅度较大。伸缩性是农业劳动力资源供给的一个重要特征，一方面自发调节了农业劳动力资源的分配，另一方面也导致农业生产不稳定，造成了农业劳动的浪费。

（3）影响农业劳动力资源供给的因素

①人口自然增长率

人口的自然增长率是影响农业劳动力数量的重要因素，直接影响了农业劳动力资源的供给。

②农业劳动报酬

在一定时期内，农业劳动力资源的供给数量与农业劳动报酬呈现出递增函数关系，农业劳动报酬直接影响着农业劳动力供给的数量。在我国实行家庭联产承包责任制之后，农业生产的分配形式发生了变化，农业劳动报酬主要体现为农民出售农产品的收入。因而，农产品的销售价格就成为影响农业劳动力供给的主要因素，当某种农产品的销售价格高、生产者获利大，大量农业劳动力就会转入该生产领域，反之则会有很多农业劳动力退出该生产领域。我国农业劳动力资源规模数量和规模较大，人均耕地面积较少，农业劳动力的绝对剩余和季节性剩余的数量较多，这些农业劳动力随时准备进入农业生产领域。同时，我国农业生产效益相对较低，农民迫切要求开拓生产领域，提高收入水平。因此，利用宏观价格杠杆，以提高农业劳动报酬为导向，能够使农业生产向合理、高效的方向转化，促进农业劳动力资源的合理利用。

③农民的价值观

农民的价值观对农业劳动力资源供给的影响，主要表现在农民对闲暇及收入的偏好。由于我国农业生产力水平较低，农民整体收入水平不高，因而大部分地区的农民把辛勤劳动、增加收入作为价值观的主要内容。这是包括我国在内的发展中国家的共有现象，能够在很大程度上促进农民积极参加农业生产，增加农业劳动力资源供给。随着社会发展和经济水平的提高，农民的价值观也必然会随之发生变化，对农业劳动力资源的供给产生影响。因此，研究农民价值观的变化，对于合理利用农业劳动力资源也有一定意义。

除以上因素之外，随着我国进一步对外开放和融入世界经济，国际资源和国际市场的变化也会引起农业劳动力资源的供给和结构发生变化。

2. 农业劳动力资源的需求

（1）农业劳动力资源需求的含义

农业劳动力资源需求是指在一定时期内，在一定的农业劳动报酬水平下，农业生产需要的劳动力数量。它是在现有农业自然资源状况和生产力水平的条件下，为了保证经济发展和社会对农产品日益增长的需求，整个社会对农业劳动力资源数量和质量的整体需求。

（2）农业劳动力资源需求的特征

①农业劳动力资源需求的季节性

农业劳动力资源的需求受农业生产的季节性影响，需求数量呈明显的季节性变化。在农忙季节，农业劳动力需求的数量很大，常常出现农业劳动力不足的现象；而在农闲季节，农业劳动力需求的数量较小，常常会形成季节性的农业劳动力剩余。因此，研究农业劳动力资源需求的季节性，对于合理利用农业劳动力、保证农业生产的顺利进行具有重要意义。

②农业劳动力资源需求数量的递减性

农业劳动力资源需求的递减性是指随着农业生产力的发展，农业劳动力需求的数量会逐渐减少。造成这种现象的原因主要有两个：一方面，农业生产可利用的自然资源数量有一定限制，可容纳的农业劳动力数量有限；另一方面，农业是生产人类消费必需品的部门，对消费者来说，这类消费必需品的需求数量是随着人们生活水平的提高而逐渐减少的。另外，我国农业生产力水平较低，农业生产主要依靠大量的劳动力投入。随着我国农业生产力水平的提高，农业生产将更多地需要资金和技术投入，对农业劳动力需求的数量也会逐渐减少。因此，农业劳动力需求总体上呈下降趋势，这是世界农业发展的普遍趋势，也是农业生产发展的客观规律。

（3）影响农业劳动力资源需求的因素

①土地资源条件

土地资源是农业生产的主要自然资源，其数量直接影响农业生产对劳动力的容纳程度，是影响农业劳动力需求的主要因素。从农业生产发展的进程来看，随着农业生产力的提高，土地资源对农业劳动力的容纳数量逐渐下降。尤其是我国这样人多地少的国家，农业上可开发的土地资源数量有限，容纳和增加农业劳动力需求的潜力较小。同时我们应该看到，我国有些地区的农业土地经营粗放、土地生产率较低，要改变这一状况，需要加强农业基本建设，实行精耕细作，合理增加单位面积土地的农业劳动力投入，提高土地资源的生产率，这样就会增加对农业劳动力资源的需求。

②农业耕作制度

我国农业生产的地域差异较大，各地区的耕作制度也各不相同，而耕作制度直接影响着农业劳动力的需求水平。对此，需要建立合理的农业耕作制度，适当增加土地复种指数，实行轮作制，特别是要合理安排果蔬、园艺等劳动力密集型农产品的生产，增加对农业劳动力的需求。同时，建立合理的农业耕作制度，客观上要求开展农业基础设施建设，增加长期性的农业劳动投入，这是增加农业劳动力需求、有效利用农业劳动力资源的重要途径。

③农业多种经营水平

广义上的农业生产包括传统的农业种植业及林、牧、副、渔等行业。除了农业种植业之外，农业的其他各行业也对农业劳动力资源有很大的需求。因此，充分发挥农业土地资源多样性的特点，合理开发山地、草原和水面等农业自然资源，实行多种经营，既可以提高农民收入、增加农业产出，同时还可以增加对农业中农、林、牧、副、渔等各业的农业劳动力投入，这对于提高农业生产力，促进农业劳动力的内部消化、合理利用农业劳动力资源具有十分重要的意义。

④农业生产项目

广义的农业是一个农林牧副渔各业全面发展、农工商综合经营的宏大部门，要求农业及与农业有关的各种生产项目协调发展。农业生产项目多，可以拓宽农民就业门路，增加对农业劳动力的需求数量。从我国农业的发展趋势来看，在农村大力发展乡镇企业，开拓新的农业生产项目，促进农业劳动力的转移，是我国农业发展的必然方向，也是增加农业劳动力资源需求的重要途径。

⑤农业机械化水平

农业机械化水平和农业劳动力资源的需求之间成反比关系，一国（或地区）的农业机械化水平越高，对农业劳动力需求的数量越少。因此，实现农业机械化的过程，也是农业劳动力需求逐渐下降的过程。我国农业劳动力资源丰富，人均耕地资源比较少，不可避免地会与农业机械化产生一些矛盾。因此，在我国实现农业机械化的过程中，要结合农村实际情况和农业生产需要，因地制宜，不能急于求成，要把实现农业机械化的过程与农业劳动力转移紧密结合起来，合理利用农业劳动力资源，调动农民的生产积极性，促进农业生产的发展。

二、农业劳动力资源的现状与利用

农业劳动力资源作为农业生产的主体，其利用是否合理，直接影响农业经济的发展和农业现代化的进程。这里从研究农业劳动的特点出发，分析农业劳动力资源的利用原则和现状，探讨合理利用农业劳动力资源的有效途径。

（一）农业劳动的特点

农业劳动是农业劳动力、生物资源和自然条件三个因素相结合的农业生产过程。农业劳动具有以下特点：

1. 农业劳动具有较强的季节性

农业劳动的主要对象是有生命的动植物，而它们分别有一定的生长发育规律并受自然条件的制约，导致其生产时间和农业劳动时间不一致，使得农业劳动具有明显的季节性。在农忙时，需要大量的劳动力，突击进行农业劳动，以不误农事；在农闲时，农业劳动力则大量闲置。因此，既要保证农忙季节对农业劳动力的需求，又要使农闲季节的农业劳动力有出路，才能达到合理利用农业劳动力的目的。

2. 农业劳动具有较大的分散性

由于农业生产的基本生产资料是土地，而土地需要在广阔的空间进行分布，因而农业劳动也是在广阔的地域中进行作业的，劳动分散，人、畜、机械作业空间大。为此，农业劳动的组织要适应农业劳动分散性的特点，采取灵活多样的农业劳动协作形式，确定适宜的协作规模。

3. 农业劳动具有一定的连续性

一个完整的农业生产周期是由许多间断的，但又相互联系的农业劳动过程组成的。每一个农业劳动的作业质量不仅影响下一个农业劳动的作业质量，还会影响农业生产的最终成果。因此，在组织农业劳动时，应该建立健全农业生产责任制，使劳动者既重视农业劳动的数量，又注意农业劳动的质量，关心农业劳动的最终成果。

4. 农业生产周期长，农业劳动效益具有不稳定性

农业劳动的主要对象（即各种动植物）的生产周期长，一般没有中间产品，要等到一个农业生产周期结束，才会有农业劳动成果。在这个过程中，农业生产不仅受人类生产活动的控制，还受到各种自然条件的影响。因此，农业劳动必须

顺应自然条件和符合劳动对象的特点，相关人员在农业生产过程中要灵活地作出决策，采取应变措施，保证农业劳动的效益水平。

5.农业劳动的内容具有多样性

农业生产包括农、林、牧、副、渔等各业的生产，一般采取各不相同的作业方式和技术措施。即使同一生产部门，在不同生产阶段所采用的作业方式和技术措施也可能不相同，如种植业生产中的耕翻地、播种和施肥等，畜牧业的饲料配比和畜禽防疫等。因此，农业劳动的内容繁杂、形式多样，这就要求农业劳动者必须掌握多种技能，能够从事多种生产项目，进行多种农业劳动作业。

6.农业劳动的艰苦性

农业劳动不同于工业劳动或服务业劳动，一般在田间土地上作业，受自然环境影响较大，作业环境差，劳动条件艰苦，而且改善的难度较大。同时，农业劳动一般需要繁重的体力支出，劳动强度大。

充分认识上述农业劳动的特点，对于合理利用农业劳动力资源、提高农业劳动生产率具有重要意义。

（二）我国农业劳动力资源的利用现状

我国农业劳动力资源的利用现状如下所示：

1.农业劳动力数量大

虽然目前我国农村地区人口自然增长率呈下降趋势，且农村人口在全国总人口当中的比重也有所下降，但由于人口基数大，农村人口增长速度仍非常快，加之耕地面积又在逐渐减少，致使每个农业劳动力占有耕地的数量持续下降。同时，自农村实行联产承包责任制之后，农业劳动效率提高，无效劳动减少，进一步增加了农业劳动力的过剩。目前，全国大多数地区农村的劳动力有剩余，平原地区一般剩余三分之一左右，农业劳动力过剩的问题明显[1]。

---

① 问答库.中国现在农村有多少剩余劳动力？[EB/OL].[2022-12-08].http:www.521ll.com/16325189.html 2021.7.5.

2.农业劳动者素质低

中华人民共和国成立以来，通过农村扫盲和发展教育事业，农民的文化知识水平有了很大提高，但青壮年农民掌握现代农业科学技术的人才仍较少。

3.农业劳动力地区分布不平衡

我国各地区的人口分布密度差异悬殊，农业劳动力资源的分布也是如此。其中，西北部地区面积占我国国土面积的三分之一以上，但人少地广、农业劳动力相对短缺；东南部地区，尤其是长江中下游、珠江三角洲等地区，人口密度极大，土地资源稀缺，人多地少的矛盾非常突出。

针对我国农业劳动力的利用现状，我们要充分、合理地利用农业劳动力资源，就必须控制农业劳动力的数量，提高农业劳动力的质量，优化农业劳动力资源的配置。

（三）合理利用农业劳动力资源的原则

1.因地制宜原则

我国地域辽阔，各地区农业生产的自然条件和经济条件差距很大，因而在组织农业劳动、进行农业生产管理时，应该允许多种农业劳动组织形式同时存在，不能只采用一种模式，搞整齐划一的"一刀切"。因此，各地区、各农业生产单位都要根据因地制宜的原则，确定符合本地区农业生产实际情况的农业劳动组织形式和管理制度。农业劳动组织形式和管理制度确定之后，要尽量保持相对稳定，防止频繁变动，同时要随着农业生产力的不断发展以及客观条件的不断变化，进行适当、合理的调整和完善，以促进农业生产的发展。

2.经济效益原则

农业劳动力作为农业生产力的主导能动要素，在物质资料的生产中，还要坚持经济效益的原则。为此，必须科学地组织农业生产劳动，实行严格的生产责任制度，做好劳动定额和劳动计酬，努力提高农业劳动的工效；要根据农业生产的实际需要，有计划地分配和合理使用农业劳动力资源；要采取一切有效措施节约劳动时间，提高劳动效率；对于剩余的农业劳动力，要千方百计地寻求农业的深度和广度的途径。

3. 物质利益原则

在农业劳动力资源的利用过程中，要正确处理国家、集体和个人三者之间的物质利益关系，既要反对为了个人利益损害集体利益和国家利益，又要反对忽视农民个人利益的错误做法。具体而言，就是要认真贯彻按劳分配原则和物质奖励制度，要根据劳动者的劳动量分配个人消费品，根据劳动者的超额劳动量进行物质奖励。与此同时，还应该加强对农业劳动者的思想教育工作，提高农业劳动者的思想觉悟，鼓励农业劳动者为国家利益和集体利益多作贡献。

研究和探讨对农业劳动力资源合理利用的原则，目的就是提高农业劳动力的利用水平和效率。

（四）农民就业与农业剩余劳动力转移

1. 农民就业的概念

科学、严谨的农民就业的定义应该是指，社会能够为农业劳动者提供充足的工作岗位，所有愿意就业的农业劳动力都能找到工作，并使他们与其他生产要素相互结合，使得通过辛勤劳动、合法经营获得基本生产、生活资料和必要的劳动满足，进而达到自我实现目的的过程。

2. 农业剩余劳动力及其形成原因

所谓农业剩余劳动力，就是在一定物质和技术条件下，当农业劳动力供给量超过生产某种农产品所需农业劳动力的数量，也就是农业劳动力的供给大于需求部分，这一部分农业劳动力在农业生产中的边际产量等于零，这就是农业剩余劳动力。我国现阶段的农业剩余劳动力总量约占农村人口总人数的三分之一左右。[①]农业剩余劳动力并不属于绝对的概念，而是一个相对概念，因此农业剩余劳动力又可以有绝对剩余和相对剩余之分。在指定的地区内，生产力和时期都是一定的，当农业劳动力边际效益是零时，绝对剩余是农业生产供大于求那一部分农业劳动

---

① 张玉玲. 我国农村还有多少剩余劳动力 [EB/OL]. （2008-04-30）[2022-12-15]. http://www.gmw.cn/olgmrb/2008-04/30/content_768060.html 2021.7.4.

力资源。就是在特定地区和特定时间内，在特定的生产力水平下，当农业劳动力劳动生产率到达全国平均劳动生产率时，农业生产供大于求那一部分农业劳动力资源就是相对剩余。

随着农业生产和社会经济的发展，我国已产生规模巨大的农业剩余劳动力，如果不能进行合理的安置，则不仅会造成农业劳动力资源的极大浪费，还会影响农业现代化的发展进程。

3.农业剩余劳动力转移

农业剩余劳动力的存在意味着经济上的浪费和社会福利的损失，不仅影响了传统农业向现代农业的转变，还在一定程度上制约了整个国民经济的发展。为此，必须制定务实、有效的政策措施，促进农业劳动力充分就业，提高农业劳动力资源的利用效率。要实现这一目标，在农业生产资源特别是土地资源有限的条件下，应该着力于发展非农产业，创造更多的就业机会，实现对农业剩余劳动力的转移。为保证农业剩余劳动力转移工作有力、有序、有效进行，应采取以下措施：

（1）发展劳动密集型农产品生产，扩大农业生产的就业量

我国属于劳动力资源异常丰富、耕地资源稀缺的国家，大力发展林果业、水产养殖业、畜牧业和高档蔬菜种植，并对其进行深加工，适当降低粮食生产并积极参与国际分工，是转移农业剩余劳动力的有效途径和理性选择。当然，粮食生产对我国而言有着特殊的重要性，调整农业生产结构必须以保障国家的粮食安全为前提，要不断改善农业生产的基础条件，凭借技术进步来提高粮食单产和总产量。基于我国国情和市场导向的农业生产结构调整，不仅不会威胁我国的粮食安全，而且能够为农业剩余劳动力的合理安排和有效转移提供更为广阔的空间。

（2）加强对农民的教育培训，培养新型农民和现代产业工人

农业劳动力的综合素质偏低，不仅会影响农业劳动生产率的提高，还会限制农业劳动力的非农化转移及身份转变，并在一定程度上加剧了农业劳动力供需失衡的矛盾。因此，要实现农业剩余劳动力在非农产业的稳定就业，就必须加强对农民的教育培训，提高农民的职业技能和对非农就业岗位的适应能力，将留在农

村继续务农的农业劳动力培养成"有文化、懂技术、善经营"的新型农民，将转移到城镇和非农产业的农业剩余劳动力培养成高素质的现代产业工人，这是促进农业劳动力合理利用和农业剩余劳动力有序转移的治本之策。

（3）加快农村小城镇建设，形成有利于农业剩余劳动力就业的块状经济和产业集群

目前，我国农村乡镇企业大都建在了自然村中，这种过于分散的布局，让这些企业失去了应有的聚集效应和扩散功能，也会制约了企业吸收农业剩余劳动力的能力，减小了就业容量。专家认为，若能将当前分布较为分散的农村乡镇企业适度地集中到小城镇，就可以产生关联产业带动的效果，形成聚集效应，以此促进现有农村乡镇企业及小城镇就业容量增加，减少农业剩余劳动力；同时，还可以提高农村劳动力素质，降低农民进城务工的门槛，从而减少农村人口流入城市的数量，减轻大城市对中小城市的压力，有利于城市化进程中"三农"问题的解决。因此，要加快农村小城镇建设，依托这些小城镇吸收社会资金，引导农村乡镇企业不断聚集，形成块状经济和产业集群，开展产权制度、户籍制度、投资制度、社会保障制度以及其他配套的改革，促进农村生于劳动力的就业。

（4）发展城乡服务业，提高第三产业对农业剩余劳动力的吸纳能力

改革开放以来，我国经济发展迅速，经济总量显著增加，同时产业结构不平衡的矛盾也日益突出。目前，在我国的产业结构中，在第一产业占国民经济比重逐渐降低的情况下，第二产业所占比重过大，第三产业所占比重相对较小，尤其是服务业的发展水平和在国民经济中所占的比重远低于发达国家和地区，限制了其对农业剩余劳动力的吸纳能力。因此，大力发展劳动密集型的第三产业，尤其是城乡服务业，是我国未来增加农民就业、转移农业剩余劳动力的有效途径。

三、农业劳动力资源的开发与利用

我国是一个农业大国，也是一个人口大国，合理开发和利用农业劳动力资源，提高我国农业生产的效率和质量，对于我国经济和社会发展有极其重要的意义。

为此，需要对农业劳动力资源的利用进行评价，以加强对农业劳动力资源的开发和利用管理。

（一）农业劳动力资源的利用评价

为了充分、合理地利用农业劳动力资源，需要对农业劳动力资源的利用状况和使用效率进行评价，其评价标准主要是农业劳动力利用率和农业劳动生产率两个指标。

1.农业劳动力利用率

（1）农业劳动力利用率的概念

农业劳动力利用率是反映农业劳动力资源利用程度的指标，一般是指一定时间内（通常为一年）有劳动能力的农业劳动者参加农业生产劳动的程度。

农业劳动力利用率是衡量农业生产水平和经济效益的重要标准，在一定的农业劳动力资源和农业劳动生产率条件下，农业劳动力利用率越高，就可以生产出越多的农产品。

衡量农业劳动力利用率的具体指标包括：一是实际参加农业生产的农业劳动力数量与农业劳动力总量的比率；二是在一定时间内，平均单位农业劳动力实际参加农业生产劳动的天数与应该参加农业生产劳动的天数之间的比率；三是每天纯劳动时间占每天标准劳动时间的比重。

在农业劳动生产率不变的条件下，提高农业劳动力的利用率意味着在农业生产中投入了更多的劳动量。在我国农业生产的资金投入相对不足、物质技术装备条件不够先进的情况下，增加劳动量的投入、提高农业劳动力的利用率，对于促进农业生产的发展具有十分重要的意义，也是合理利用农业劳动力资源的重要途径和客观要求。

（2）影响农业劳动力利用率的因素

在农业生产实践中，影响农业劳动力利用率的因素很多，概括来说，主要可以包括两个方面：一是农业劳动力的自然状况和觉悟程度，如人口数、年龄、身体状况、技术能力、思想觉悟水平、生产积极性和主动性等。二是自然条件和社会经济条件，如土地结构、气候条件、耕作制度、农业生产结构、多种经营的开展状况、农业生产集约化水平、劳动组织和劳动报酬、责任制状况、家务劳动的社会化程度等。在这些影响因素当中，有的因素是比较固定的，或者要经过较长的时间才会发生变化，有的因素则可以在短期内发生变化。因此，为了提高农业劳动力利用率，既要从长计议，如控制农村人口的增长、逐步改善自然条件等，又要着眼当前，如合理调整农业生产结构、改善农业劳动组织、贯彻按劳分配原则、采用合理的技术和经济政策等。

（3）提高农业劳动力利用率的基本途径

第一，运用积极的宏观调控政策，充分调动农业劳动者的生产积极性。劳动力资源的利用程度与劳动者的生产积极性紧密相关，在农业生产劳动过程中也同样如此。因此，要提高农业劳动力的利用率，就要运用积极的宏观调控政策，充分调动农业劳动者的生产积极性，充分尊重农业劳动者的经营自主权，充分发挥他们在农业生产中的主观能动性，使农业劳动力和劳动时间都能够得到更加合理的利用。

第二，向农业生产的广度和深度进军，大力发展农业多种经营。虽然我国人均耕地资源非常有限，但其他农业生产资源相对比较丰富，有大量的草地、林地、海域和淡水养殖区域可供利用。因此，在安排农业生产经营的过程中，不能把注意力只集中在单一的农业生产项目上，或者只进行简耕粗作的农业生产经营，而是应该开阔视野，树立大农业经营观念，走农林牧副渔全面发展、农工商一体化的发展道路，这样才能为农业劳动力的充分利用提供更多的就业门路。

第三，合理分配农业劳动力，积极探索适合我国国情的农业剩余劳动力转移路径。除了在农业内部努力提高农业劳动力的利用率之外，还应该对农业劳动力进行合理分配使用，加强对农业剩余劳动力的转移。为此，要在农、林、牧、副、渔之间，在农业和农村其他产业之间，在生产性用工和非生产性用工之间合理分配使用农业劳动力，把富余的农业劳动力千方百计地转移到工业、商业、服务业、交通运输业、建筑业等第二产业或第三产业中去，避免农业劳动力因为配置不均造成窝工浪费和因转移受阻造成闲置浪费。

第四，改善农业劳动组织，加强农业劳动管理。为了充分、合理地利用农业劳动力资源，还应该在农业生产中采取科学的、与生产力水平相适应的农业劳动组织形式，加强和改善劳动管理，建立健全农业劳动绩效考评机制，实施合理、有激励效果的劳动报酬制度，使农业劳动者从关心自己利益的动机出发，积极主动、负责任地参加农业生产劳动，进而提高农业劳动力的利用率。

2. 农业劳动生产率

（1）农业劳动生产率的概念

农业劳动生产率即农业劳动者的生产效率，是指单位劳动时间内生产出来的农产品数量或生产单位农产品所支出的劳动时间。农业劳动生产率反映了农业劳动消耗与其所创造的劳动成果之间的数量比例关系，表明农业劳动力生产农产品的效率或消耗一定劳动时间创造某种农产品的能力。提高农业劳动生产率是发展农业生产的根本途径。

（2）农业劳动生产率的评价指标

评价衡量农业劳动生产率的水平，有直接指标和间接指标两大类指标。

①直接指标

农业劳动生产率的直接指标是指单位劳动时间内所生产的农产品数量或生产单位农产品所消耗的劳动时间，用公式表示如下：

$$农业劳动生产率 = \frac{农产品产量或产值}{农业劳动时间}$$

$$农业劳动生产率 = \frac{农业劳动时间}{农产品产量或产值}$$

农产品数量可以用实物形式表示，如粮食、棉花的一定数量单位等；也可以用价值形式表示，如农业总产值、净产值等。由于价格是价值的外在表现，而价格又在不断发生变化，当采用价值形式来比较不同时期的农业劳动生产率时，要采用不变价格计算。农业劳动时间应该包括活劳动时间和物化劳动时间，这样计算出来的农业劳动生产率称为"完全劳动生产率"。但是，由于物化劳动时间的资料取得比较困难，一般只用活劳动时间计算农业劳动生产率，称为"活劳动生产率"。在实际工作中，为了使活劳动生产率尽量接近完全劳动生产率，在用价值表示农产品数量时可以减去已消耗的生产资料价值部分，直接用农业净产值表示。活劳动时间的计算单位通常采用人工年、人工日、人工时等指标。

②间接指标

为了及时考察农业生产过程中各项作业的劳动生产率，还可以采用单位劳动时间所完成的工作量来表示农业劳动生产率，即劳动效率。这就是衡量农业劳动生产率的间接指标，如一个"人工日"或"人工时"完成多少工作量等，用公式表示如下：

农业劳动效率 = 完成的农业工作量 / 农业劳动时间

在运用农业劳动效率指标时要注意与农业劳动生产率指标结合应用。两者之间有时一致，有时可能不一致。技术措施不当、劳动质量不高、违反农时和自然灾害等多种原因时常造成二者不一致。因此，不能单纯强调农业劳动效率，必须在采用正确技术措施的条件下，在保证质量和不误农时的前提下，积极提高农业劳动生产率。

（3）提高农业劳动生产率的意义

农业劳动生产率的提高意味着包含在单位农产品中劳动总量的减少，这是农业生产力发展的结果，是发展农业生产力的源泉，也是衡量社会生产力发展水平的重要标志。因此，不断提高农业劳动生产率是农业发展的主要目标，也是加速社会向前发展的坚实基础，不仅具有重大的经济意义，还具有重大的社会政治意义，具体表现在以下几个方面：

第一，提高农业劳动生产率和农产品质量，以较少的农业劳动力生产出更多的高质量农产品，从而更好地满足国民经济发展和人民生活的需要。

第二，提高农业劳动生产率，可以促进农业和国民经济的综合发展，降低单位农产品的劳动消耗，为国民经济其他部门储备大量劳动力。

第三，提高农业劳动生产率，能够增加农民的收入，为农民进军国民经济其他部门提供了条件。

第四，提高农业劳动生产率，能够提高农业劳动力的综合素质，使农民学习更多的科学文化知识和专业技能，进一步促进农业生产力的发展。

（二）农业劳动力资源的开发

1. 农业劳动力资源开发的含义

对农业劳动力资源的开发，为的是可以充分、合理、科学地让农业劳动力资源物尽其用，促进农业与农村经济发展，控制农业劳动力资源的数量，提高农业劳动力资源的质量和资源配置。农业劳动力资源开发的主要任务就是要把现有的农业投入转化为生产力，并且使劳动力素质提高，控制数量，合理配置资源，使有限的农业劳动力能在最有效的利用时间内产生最大的经济效益。农业劳动力资源开发可以分为数量开发和质量开发两个层次。

农业劳动力资源的数量开发是指用于农业劳动力资源控制而展开的各项经济活动及由此产生的耗费。不同类型的国家或地区的农业劳动力资源数量控制的目标各不相同，既有为增加农业劳动力资源数量而作出的努力，也包括为减少农业劳动力资源数量而作出的努力。前者通常存在于经济高度发达、人口高龄化尤其是农村人口高龄化的国家；后者则存在于包括我国在内的大量农业劳动力过剩的发展中国家。

开发农业劳动力资源的质量，泛指为改善农业劳动力资源质量和利用效率所投入的经费，包括对农业劳动力资源进行教育、培训、医疗保健、就业及其他支出。目前，我国的农业劳动力资源开发主要是指对农业劳动力资源的质量开发，尤其是对农业劳动力在智力和技能方面的开发。

2. 农业劳动力资源开发的必要性

随着农业现代化的发展，农业生产对科学技术人才和科学管理人才的需求越来越大，开发农业劳动力资源质量、提高农业劳动者的素质显得越来越重要，主要体现在以下几个方面：

（1）农业现代化要求农业劳动力有较高的素质

在国外一些实现了农业现代化的国家中，农业有机构成与工业有机构成之间的差距在逐步缩小，甚至出现了农业有机构成高于工业有机构成的情况，因而对农业劳动力资源数量的要求越来越低，对农业劳动力资源质量的要求却越来越高。这就要求提高农业劳动者的科学文化水平和专业技能，以便在农业生产中掌握新设备和新农艺。

（2）科技投入在农业生产中的重要性日益提高，对农业劳动力素质提出了更高的要求

农业生产的发展规律表明，农产品增产到一定程度后，再要提高产量、提高投入产出的经济效益，就不能只依靠原有技术，而是要依靠新的科技手段。因此，要繁育农业新品种、改革耕作和饲养方法，提高控制生物与外界环境的能力，就必须对农业劳动力资源进行开发，以利于将现有农业生产力各个要素进行合理组合，选择最佳方案。

（3）农业生产模式的变革要求农业劳动力掌握更多的知识和技能

农业生产正在由自然经济向商品经济转变，并逐步走向专业化、社会化的过程中，需要掌握市场信息，加强农产品生产、交换和消费各个环节的相互配合。没有科学文化、缺乏经营能力是做不到这些的，客观上要求对农业劳动者进行教育培训，提高他们的科学文化水平和经营管理能力。

（4）农业劳动力资源开发是拉动内需、推动国民经济深入发展、实现农业可持续的必然要求

近几年，我国农业劳动力资源发展的速度不断加快，也促进了农民的教育需求快速增长。针对农民的需求，我们必须积极采取措施，大力发展以农业劳动力资源开发为导向的教育产业，让农民和农村人口有更多机会参与教育和培训，这样才能为农村经济深入发展培养大批新农民。在我国目前的情况下，大力发展农村成人教育事业和农业技术培训是解决"三农"问题的重要途径之一。我们要在大力挖掘农业劳动力资源的同时，促进积累农业人力资本，让教育真正成为拉动内需的农村消费热点，推动国民经济发展。

3. 农业劳动力资源开发的基本对策

（1）着眼"三农"问题的解决，加强对农业劳动力资源开发的组织领导和管理协调

随着农村工业化、城镇化进程的加快，我国农民进入了职业分化的过程中，农业发展的要求越来越高，也需要更大的发展空间。除了部分农民由于各种原因仍留在乡村继续务农，多数农户尤其是青壮年劳动力纷纷跑到城市中打工，从传统的农民变成了现代产业工人。目前，在全国范围内已经形成了以大中城市为依托的农民工群体，其规模越来越大，分布也越来越广。在这一过程中，部分农民并没有掌握非农就业的必要知识、技能和素质，还需要接受大量的科学技术和职业技能教育，以实现其从农业到工业再到服务业等领域的转变。基于这种情况，需要搞好组织领导和管理协调，可以成立中央有关部门领导下的专门领导小组，担任农民教育培训工作的牵头和协调机构；要不断对农村职业教育、成人教育投入资金，将农村职业教育与农民培训纳入地方政府任期目标与考核内容；下大力气实施农民培训工程，用 5~10 年时间对 16~45 岁的农业劳动力群体进行一次全面的技能轮训；继续坚持农村"三教统筹"和"农科教结合"，并进一步探索在新形势下的实现方式。

（2）加快体制创新，积极构建政府主导、面向市场、多元投资的农民教育培训体系

农民教育培训作为一项面广量大的系统工程，政府部门作为教育的实施主体，应当从促进教育公平、关心弱势群体、构建和谐社会的战略高度出发，充分认识、加强农民教育培训的重要性。在解决农民教育培训资金经费的问题上，各级政府应处于主导地位，同时必须广开渠道，实行投资主体多元化，加快体制创新，完善培训体系，尽快建立与现代农业和农村经济发展相适应，以农民科技教育培训中心为骨干，以中高等农业院校、科研院所和技术推广机构为依托，以企业和民间科技服务组织为补充，以乡镇培训基地为基础的功能强大、手段先进、运转灵活的开放型、协同型农民教育培训体系，按照新农村建设的要求，卓有成效地开

展对农民的教育培训。

（3）在普及义务教育的基础上大力发展农村职业教育，重视技能型、应用型人才的培养

农业劳动力资源开发的首要任务是在农村普及九年制义务教育，消灭农村青壮年文盲。农村要把普及九年制义务教育作为当前劳动力资源开发的基础工程，力争在最短的时间内完成"两基"达标任务。在此基础上，大力发展农村职业教育，加速培养留得住、用得上的技能型、应用型人才，这是符合我国农村实际的明智之举，也是在目前教育经费不足的情况下低成本、高效率开发农业劳动力资源、解决农村人才瓶颈的有效措施。因此，要立足农村经济社会发展、农民脱贫致富的实际需要，有针对性地开发农业劳动力资源，合理引导农村初中毕业生到农业职业学校学习，并通过实施助学贷款、创业扶持计划，对报考农业职业学校的农村青年或毕业后愿意扎根农村创业发展的毕业生给予适当的资金支持和相应的政策优待，以鼓励引导农村初中毕业生选择职业教育。农村职业教育的专业设置、课程体系、教学模式要有针对性，要立足学生生存本领、职业技能和致富能力的培养，通过与企业积极"联姻"，了解用人单位的需求，按照就业岗位所需要的人才规格和能力素质进行"订单培养"，防止教育资源的浪费。

（三）农业劳动力资源的利用管理

为了充分、合理地利用农业劳动力资源，需要积极促进农民的充分就业，提高农业劳动力的使用效率和经济效益，主要提高农业劳动力资源的利用率和农业劳动生产率两个指标。

1. 发展农业集约化和产业化经营，提高农业劳动力资源的利用率

从当前我国农业生产的情况来看，要提高我国农业劳动力的利用率，主要应该依靠农业的集约化经营，增加农业生产对农业劳动力的吸纳能力，具体途径主要有以下几个：

第一，增加对农业的资金和其他要素投入，加强农业基础设施建设，为农业生产创造更好的物质条件。同时，改变原有单纯依靠增加要素投入量的粗放型农

业生产经营模式，促进农业劳动力资源和农业生产资料更好的结合，通过实现农业生产的集约化经营增加农业生产的用工量，使农业劳动力资源得到充分利用。

第二，发挥资源优势，依靠农业科技，加快发展农业产业化经营，增加农业生产的经营项目，拉长农业生产的产业链条，吸纳农业劳动力就业，尤其要发展劳动密集型农产品的生产，创造更多的农业就业岗位，使农业劳动者有更多的就业选择空间，增加对农业劳动力的使用。

第三，合理安排农业劳动力的使用，组织好农业劳动协作和分工，尽量做到农业劳动力资源与各类需求量的大体平衡。要根据各项农业生产劳动任务的要求，考虑农业劳动者的性别、年龄、体力和技术等情况，合理使用农业劳动力资源，做到各尽所能、人尽其才，充分发挥劳动者的特长，提高劳动效率。另外，要尊重农业劳动者的主人翁地位，充分发挥他们在农业生产中的主动性、积极性和创造性。

第四，对农业剩余劳动力进行有效转移，合理组织劳务输出。一方面，发展农村非农产业，实现农业剩余劳动力的就地转移，同时把农业剩余劳动力转移与城镇化发展结合起来，积极推动农业剩余劳动力向城市转移；另一方面，积极推动农业剩余劳动力的对外输出，利用国际市场合理消化国内农业剩余劳动力，这也是我国解决农业劳动力供求矛盾、提高农业劳动力资源利用率的一个重要途径。

2.促进农业现代化，提高农业劳动生产率

要充分、合理地利用农业劳动力资源，还要提高对农业劳动力的使用效率，增加农业生产中劳动力资源投入的产出，即提高农业劳动生产率。影响农业劳动生产率的因素主要包括生产技术因素，即农业现代化水平，以及自然因素和社会因素。这些影响因素决定了提高农业劳动生产率主要有以下途径：

（1）充分、合理地利用自然条件

自然条件是指地质状况、资源分布、气候条件和土壤条件等这些影响农业劳动生产率的重要因素。自然条件对农业生产有至关重要的影响，由于自然条件不同，适宜发展的农业生产项目也不同。以种植业为例，同一农作物在不同的自然条件下，投入等量的劳动会有不同的产出，也就是会有不同的劳动生产率。因此，因地制宜地配置农业生产要素，利用自然条件，发挥区域优势，投入同样的农业劳动力就可以获得更多的农产品，提高农业劳动的自然生产率，实现对农业劳动力资源的优化利用。

（2）提高农业劳动者的科技文化水平和技术熟练程度

劳动者的平均技术熟练程度是影响劳动生产率的诸多因素中的首要因素，在农业生产中也同样如此。由于农业生产中的生产力提高和科技进步是以新的劳动工具、新的劳动对象、新的能源和新的生产技术方法等形式进入农业物质生产领域的，因而要求农业劳动者具备较高的科技文化水平、丰富的生产经验和先进的农业劳动技能。另外，农业劳动者技术熟练程度越高，农业劳动生产率也就越高。

（3）提高农业经济管理水平，合理组织农业生产劳动

要按照自然规律和经济规律的要求，加强农业经济管理，提高农业经济管理水平，使农业生产中的各种自然资源、生产工具和农业劳动力资源在现有条件下得到最有效的组合和最节约的使用，从而达到增加农产品产量、节约农业活劳动和物化劳动的目的，这对于提高农业劳动生产率、合理有效利用农业劳动力资源具有重要作用。

（4）改善农业生产条件，提高农业劳动者的物质技术装备水平

农业劳动者的物质技术装备水平是衡量一个国家农业生产力发展水平的重要标志，也是提高农业劳动生产率最重要的物质条件。农业劳动者的技术装备水平越高，农业劳动的生产效能也就越高，而要提高农业劳动者的技术装备水平，就要发展农业科技。只有农业科学技术不断发展，才能不断革新农业生产工具，不断扩大农业劳动对象的范围和数量，从而有效提高农业劳动生产率。

（5）正确贯彻农业生产中的物质利益原则

在一定的物质技术条件下，农业劳动者的生产积极性和能动性是关系农业劳动生产率的决定性因素。在我国目前的社会主义市场经济条件下，人们劳动和争取的一切都与其物质利益直接相关，因此必须用物质利益提高农业劳动者的积极性、主动性和责任心，这样才能更好地组织农业生产劳动，提高农业劳动生产率。

此外，建立健全完善的农业经济社会化服务体系，解决好农业生产过程中的系列化服务等，对提高农业劳动生产率具有重要作用。

第三节　农业自然资源

一、农业自然资源的概述

（一）农业自然资源的概念

农业自然资源是指存在于自然界之中，在一定的生产力水平和经济条件下，能够被人类应用于农业生产的各种物质、能量和环境条件的总称。农业自然资源由以下四个方面的内容构成：

1. 气候资源

气候资源即太阳辐射、降水、温度等气候因子的数量及其特定组合。其中，太阳辐射是农业自然再生产的主要能源，植物体的干物质有 90%~95% 需要利用太阳能通过光合作用合成。水既是合成有机物的原料，也是一切生命活动所必需的条件；而陆地上的水主要来自自然降水。温度是动植物生长发育的重要条件，在水分、肥料和光照都满足的情况下，在一定适温范围内，许多植物的生长速率与环境温度成正比。因此，气候资源在相当大的程度上取决于农业生产的布局、结构以及产量和品质。农业气候资源通常采用具有一定农业意义的气象（气候）要素值来表示。

2. 水资源

水资源即可供农业生产和人类生活开发利用的含较低可溶性盐类而不含有毒物质的水分来源，通常是指可以逐年得到更新的那部分淡水资源量。水资源是一种动态资源，包括地表水、土壤水和地下水，而以大气降水为基本补给来源。地表水是指河川、湖泊、塘库、沟渠中积聚或流动的水，一般以常年的径流量或径流深度表示；土壤水是指耕层土壤土粒的吸湿水和土壤毛管水；地下水是指以各种形式存在于地壳岩石或土壤空隙中可供开发利用的水。水资源对农业生产具有两面性：既是农业生产的重要条件，又是洪、涝、盐等农业灾害的根源。

3. 土地资源

土地资源一般是指能供养生物的陆地表层，包括内陆水域，但不包括海域。土地中除农业用地外，还有一部分是难于利用或基本不能利用的沙质荒漠、戈壁、沙漠化土地、永久积雪和冰川、寒漠、石骨裸露山地、沼泽等。随着科学技术和经济的发展，有些难于利用的土地正在变得可以逐步用于农业生产。

（1）土地的概念

土地，最直接的解释是地球表面的陆地部分。经济学意义上的土地是指由土壤、地貌、岩石、植被、水文和气候等组成的自然综合体。土地的形成和发展主要取决于自然力的作用，同时也受人类活动的影响。

（2）农业土地资源的概念

农业土地资源是指农、林、牧、副、渔业已经开发利用和尚未开发利用的土地的数量和质量的总称。凡是现在和可预见的将来能够被人们所利用，并在一定生产技术条件下能够产生一定经济价值的土地就是农业土地资源。农业土地资源是农业自然资源的重要组成部分，具体包括耕地资源、林地资源、草场资源、沼泽、水面和滩涂资源等。

（3）土地资源的特性

①土地面积的有限性

土地是自然历史发展的产物，对于一个国家或地区而言，土地面积的数量是一定的。人们不能随意创造和增加土地面积，而只能在现有土地面积的基础上，把没有开发利用的土地开发利用起来，以及将已经开发利用的土地进一步加以改良或者进行更加合理的规划，不断提高土地的生产效率和开发利用效果。由于土地面积的有限性，要求人们在农业生产中要珍惜土地资源，保护和利用好现有耕地，合理开发利用荒地，防止土地荒芜，避免土地使用中的浪费；要防止土地污染和过度开发利用，避免出现土壤退化、沙化、功能弱化的现象；要合理使用土地，坚持土地资源的用养结合，发展生态农业，培植地力，使宝贵的土地资源可以永续利用。

②土地位置的固定性

土地位置的固定性是指土地占有特定的空间位置，不像其他生产资料可以根据需要而移动其位置。土地自形成以来就以其自然特征在一定的区域范围内分布下来，这种分布无法根据人类的意愿而进行移动，从而显示出土地位置的固定性。处于不同位置的土地，受气候、地形和地质条件等自然因素的影响，在土地的自然性状方面存在巨大差异。土地位置的固定性决定了人类一旦选定居住地，就只能根据现有土地的特征和当地的自然条件组织生产活动。因此，农业生产必须从土地自然条件的实际出发，根据需要和可能对土地加以合理开发和科学规划，因地制宜地合理利用土地，提高土地资源的利用效率。

③土地质量的差异性

土地固定地存在于地球的某一位置上的不同地域，总是与特定的自然环境条件和社会经济条件相联系。由于土地所处地理位置、自然环境条件和社会经济条件的差异，不仅使土地构成的诸要素如土壤、气候、水文、地貌、植被和岩石等的自然性状不同，而且受人类活动的影响也不同，从而使土地的结构和功能各异，最终表现为土地质量的差异性。

④土地功能的永久性

土地作为人类的活动场所和生产资料，在被利用的过程中不会像其他生产资料那样被磨损、消耗。只要利用合理得当，其生产力就能够得到保持甚至可以不断提高，从而无限次地参加生产过程，年复一年地被永续使用，即土地的功能具有永久性特征，土地利用过程中的这一特性与其他生产资料完全不同。但是，土地功能保持永久性的前提是使用得当，这就要求在农业生产过程中，对土地的利用要遵循自然法则，保持土地功能的稳定和增强，以使土地永续利用。

⑤土地的垄断性

土地的垄断性有两个层面的含义：一是土地的占有具有垄断性，即一块土地只能有一个所有者，不能同时有多个所有者；二是土地的使用具有垄断性，即在一段时间内，一块土地只能用于一种用途，不能同时用于多种用途。土地的这一特性要求对土地的产权进行明确，使土地的所有者对土地享有排他性的占有权和使用权，避免因为土地产权不明晰而产生各种矛盾纠纷，导致土地得不到合理、有效的利用，甚至出现闲置浪费。

⑥土地利用方式变更的困难性

人类对土地资源的利用形式多种多样，这些不同的土地利用形式之间很难相互转换，有的甚至是不可逆转的，如城镇工矿用地一经利用就很难重新改作农业用地。即使都是农业用地，如果种植不同的农作物，也往往受自然条件、经济条件、技术条件、社会风俗习惯及农作物本身的因素的限制而不易进行调整。因此，对土地的利用必须慎重，应该在调查研究的基础上，做好土地利用总体规划，不要随意确定土地用途。

⑦土地报酬递减的可能性

在一定的科技水平下，在一定的土地面积上，如果增加农业生产要素的投入，则其报酬（收益）一般会逐渐提高。但是，这种提高在技术上和经济上都有一个合理的界限。当要素投入超过这个界限时，追加的要素投入所得的报酬就会趋于减少，在技术上达不到增产的目的，在经济上也不能获得良好的效益，就会出现土地边际报酬递减的现象。这种现象的出现是相对的、有条件的，适用于一定生产力发展水平和科学技术条件不变的情况。为了避免土地报酬递减，获得最佳的经济效益，应该注意农业生产投资的适合度以及各种生产要素投入的适宜比例，选择集约化经营的农业生产发展方向。

（4）土地资源在农业生产中的重要性

土地是陆地上一切生物和非生物资源的载体，也是包括人类在内的一切生物生活和生存的基地和场所。同时，土地又是农业生产必不可少的劳动资料和物质条件，在农业生产中发挥着至关重要的作用。

①农业生产需要占用大量的土地

农业生产实质上是把太阳能转化成化学能，把无机物转化成有机物的过程。一方面，在农业生产过程中，农作物的生长需要大量吸收和利用太阳能，而太阳能被吸收利用的多少，除了与吸收利用太阳能的农作物的性能有关之外，更主要的是取决于农作物接受阳光的面积；另一方面，动物类农产品的生产需要以土地为载体，在大面积的土地上进行畜群放牧和水产养殖等。因此，农业生产必须在广阔的土地上进行，占用大量的土地，否则就不可能生产出足够数量的、满足人类需求的各种农产品。

②土地质量对农业生产的影响很大

农业生产中的第一性生产——作物生产，对土地具有特殊的依赖性。土地是各种农作物吸收养分的重要源泉，不断供给和调节农作物生长发育所需要的养分、水分、空气和热量等要素。人类的劳动作用于土地，虽然可以改善土壤中水、肥、气、热的状况，但不能直接向农作物输入物质和能量，而是要以土地为载体和媒介才能传导给农作物。此外，农业生产中的第二性生产——动物生产，也是建立在农作物生产基础之上的，农作物生产的效率直接决定着动物生产的结果。因此，土地的质量及农产品的产量和质量有着密切的关系，对农业生产有着至关重要的影响。

③土地对农业生态环境具有净化功能

从农业生态环境的角度来看，土地既是各种污染物的载体，也能够通过物理、化学和生化等作用，对各种污染物进行净化、代谢。在农业生产过程中，各种有机、无机污染物通过各种途径进入土壤——植物系统，这些污染物如果长期积累、得不到净化，就会严重破坏生态环境，危及人类和动植物的生存。而土壤是一个很好的净化器，会产生过滤、稀释等物理效应，同时伴随着土壤中微生物和植物生命活动产生的化学、生化反应，对各种污染物形成净化、代谢作用。但是，土壤的这种净化能力是有限的，同时还可能衍生出新的次生污染物向环境输出，从而影响整个农业生态环境的质量，或者通过食物链危害动物和人类健康。因此，需要正确评价和利用土壤有限的净化能力，保护农业生态平衡，以便更好地促进农业生产发展，造福人类。

4. 生物资源

生物资源是指可作为农业生产经营对象的野生动物、野生植物和微生物的种类及群落类型。从广义上来说，人工培养的植物、动物和农业微生物品种、类型，也包括在生物资源的范畴之内。生物资源除用作育种原始材料的种质资源外，主要包括以下六种：

一是森林资源，是指天然或人工营造的林木种类及蓄积量。

二是草地资源，是指草地植被的群落类型及其生产力。

三是水产资源，是指水域中蕴藏的各种经济动植物的种类和数量。

四是野生生物资源，是指具有经济价值可，供捕、捞或采、挖的兽类、鸟类、药用植物、食用菌类等。

五是珍稀生物资源，是指具有科学和文化价值的珍稀动植物。

六是天敌资源，是指有利于防治农业有害生物的益虫、益鸟、蛙、益兽和有益微生物等。

农业自然资源是人类赖以生存和发展的物质基础，根据农业自然资源的状况、特点和开发潜力，加以合理地开发利用，对发展农业生产具有重要战略意义，也有利于保护人类的生存环境和发展国民经济。

（二）农业自然资源的特征

农业自然资源作为农业生产必不可少的要素条件，与其他工农业生产要素相比，具有的一些特征。

1. 整体性

各种农业自然资源彼此之间相互联系、相互制约，形成统一的整体，如在一定的水、热条件下，形成一定的土壤和植被以及与此相适应的动植物和微生物群落。一种农业自然资源的变化会引起其他自然资源甚至资源组合的相应变化，如原始森林一旦被破坏，就会引起气候变化、水土流失和生物群落的变化，形成另一类型的生态系统。

2. 可更新性

与各种矿产资源、化石能源随着人类的开发利用而逐渐减少的情况不同，农业自然资源一般具有可更新和可循环的特点，如土壤肥力的周期性恢复、生物体的不断死亡和繁衍、水资源的循环补给、气候条件的季节性变化等。这种更新和循环的过程会因为人类活动的干预和影响而加速，从而打破原来的生态平衡。这种干预和影响如果是合理的，就有可能在新的条件下，使农业自然资源保持周而复始、不断更新的良好状态，建立新的生态平衡；反之，则会形成恶性循环，破坏生态平衡。尤其是农业自然资源虽然绝大部分属于可更新的，但都相对比较稀缺，如果需求和消耗大于农业自然资源的更新再生能力，就会出现供需的不平衡，导致农业自然资源的更新再生能力衰退，甚至逐渐枯竭。因此，应该珍惜和保护各种农业自然资源，提高综合利用率和产出效率，保持和提升农业自然资源的更新再生能力。

3. 有限性

在地球上，土地面积、水资源数量、到达地面的太阳辐射量等，在一定空间和一定时间内都有一定的限制。与此同时，人类利用农业自然资源的能力以及各种自然资源被利用的范围和途径，还受科学技术水平的制约。因此，在一定时期内，可供开发利用的农业自然资源的规模、范围、层次和种类总是有限的。但是，随着科学技术的进步，人类对农业自然资源利用的深度和广度会不断扩大和延伸，同时保持着农业自然资源的循环更新，使有限的资源能够发挥其生产潜力。

4. 不可替代性

农业自然资源在农业生产中具有不可替代的作用，如果离开了土地、水资源、各种生物资源和一定的气候条件，农业生产将无法进行下去。虽然随着科学技术的不断进步，一些农业自然资源可以由人工合成品代替，但几乎所有替代品的原材料仍来源于各种农业自然资源或其衍生物，在本质上仍然属于农业自然资源；而且，到目前为止，很多农业自然资源仍无法由人工产品来替代。在可预见的一段时间内，农业自然资源仍将是农业生产不可或缺、无可替代的物质基础。

（三）农业自然资源的分类

农业自然资源种类繁多，根据不同的分类标准，可以将农业自然资源进行以下分类：

1. 环境科学角度

从环境科学角度，农业自然资源可分为原生性资源和次生性资源。原生性农业自然资源包括水资源及阳光、空气等气候资源，它们随着地球的形成和运动而生成并存在，属于非耗竭性资源。次生性农业自然资源在地球演化过程中的特定阶段形成，其数量和质量都具有限定性，有一定的空间分布，属于可耗竭性资源，主要包括动物、植物和微生物等生物资源。土地资源具有原生性资源的特征，又在地球演化过程中发生变化，同时其肥力等具有耗竭性，因此也具有次生性资源的特征。

2. 经济学角度

从经济学角度，农业自然资源可分为有偿使用资源和无偿使用资源。有偿使用资源是指在农业自然资源的使用过程中要付出一定的劳动或其他代价的资源，如土地资源的开垦、水利设施的兴建、动植物的饲养或种植等。无偿使用资源是指无须付出任何代价就可以直接利用的资源，如阳光、空气和温度等气候资源。

3. 可利用时间的长短

按可利用时间的长短，农业自然资源可分为可耗竭资源和不可耗竭资源。可耗竭资源是指随着人类的开发利用，其数量或质量会逐渐减少或下降的农业自然资源，如淡水、土壤、动物、植物和微生物等。这类可耗竭资源如果得到合理利用，拥有了更新再生能力，可以持续循环利用。不可耗竭资源是指用之不竭的资源，如阳光、空气和海水等。这类不可耗竭资源如果利用不当，可能导致其质量下降，影响继续利用，如空气污染和海水污染等。

4. 用途角度

从用途角度来看，农业自然资源可分为生产性资源和服务性资源。生产性资源是指用于生产过程，在农业生产中发挥作用的农业自然资源，如用于种植或放牧的土地、农业灌溉用水、供收获的植物、供食用或役用的动物等。服务性资源是指用于服务性产业的自然资源，如供观赏的动植物，以及用于生活服务的土地、水、阳光等。

5. 利用状况

从利用状况来看，农业自然资源可分为潜在资源和现实资源。潜在资源是指尚未开发利用的农业自然资源，如荒山、荒地和荒漠，以及尚未被发现和利用的动植物、未被利用的水资源和气候资源等。现实资源是指已经被开发利用并正在发挥效用的农业自然资源，如正在被开垦耕种的土地和已被利用的水资源、已经被发现和正在被利用的动植物资源等。

二、农业自然资源的开发和利用

（一）农业自然资源开发和利用的内涵和原则

1. 农业自然资源开发和利用的含义

农业自然资源的开发和利用是指对各种农业自然资源进行合理开发、利用、保护、治理和管理，以达到最大综合利用效果的行为活动。农业自然资源是形成农产品和农业生产力的基本组成部分，也是发展农业生产、创造社会财富的要素和源泉。因此，充分、合理地开发和利用农业自然资源，是保护人类生存环境、改善人类生活条件的需要，是农业扩大再生产最重要的途径，是一个具备综合性和基础性的农业投入和经营的过程，也是一个涉及面非常广泛的系统工程。

2. 农业自然资源开发和利用的内容

（1）土地资源的开发和利用

土地资源对农业生产有着极其重要的特殊意义，现有大多数农业生产是以土地肥力为基础的，因而土地资源是农业自然资源最重要的组成部分，对土地资源的合理开发和利用是农业自然资源开发和利用的核心。土地资源的开发和利用包括耕地的开发和利用、非耕地的开发和利用两个方面。

（2）气候资源的开发和利用

气候资源的开发和利用包括对以光、热、水、气四大自然要素为主的气候资源的合理利用。当前的农业生产仍离不开对气候条件的依赖，特别是在农业投入低下、土地等其他资源相对短缺的条件下，更应该充分利用太阳能、培育优良新品种、改革耕作制度，提高种植业对光能的利用效率，加强对气候资源的充分、合理的利用。

（3）水资源的开发和利用

水资源主要包括地表水和地下水等淡水资源，是农业生产的重要因素，尤其是各种生物资源生存生长的必备条件。对水资源进行合理的开发和利用，关键是要开源节流，协调需水量与供水量，估算不同时期、不同区域的需水量、缺水量和缺水程度，安排好灌排规划和组织实施。

（4）生物资源的开发利用

生物资源包括森林、草原、野生动植物及各种物种资源等，是大多数农产品的直接来源，也是农业生产的主要手段和目标。生物资源的开发和利用，应该在合理利用现存储量的同时，注意加强保护，使生物资源能够较快地增殖、繁衍，以保证增加储量，实现永续利用。

3. 农业自然资源开发和利用的原则

在农业自然资源的开发和利用过程中应遵循以下原则：

（1）经济效益、社会效益和生态效益相结合的原则

农业自然资源被开发利用的过程，也是整个经济系统、社会系统和生态系统相结合的过程。因此，在开发和利用农业自然资源的过程中，既要注重比较直观的经济效益，更要考虑社会效益和生态效益，协调三者之间的关系，从而做到当前利益与长远利益相结合、局部利益与整体利益相结合。土地资源的开发和利用是一种经济活动，经济活动的内在要求就是要取得最大化的经济效益。在农业生产经营过程中，土地资源的使用具有多样性，因而土地资源的利用效益也具有多样性。在同一区域内，在一定面积的土地上可以采用多种农业生产方案，每一种

生产方案由于生产成本的不同及产品种类、数量、质量和价格的不同，所取得的经济效益也各不相同。因此，在农业生产经营活动中，要根据各地区的具体情况，选择合理的农业生产项目和生产方案，以期取得最大的经济效益和最佳的土地利用效果；同时，还要随着时间的推移、各种条件的变化对农业生产方案作出适时的调整，不断保持土地资源利用效果的最优化和经济效益的最大化。为此，要从综合效益的角度出发，发掘土地资源的潜力，科学安排土地的利用方式，提高农业土地生产率，以便在经济上取得实效。

（2）合理开发、充分利用与保护相结合的原则

合理开发、充分利用农业自然资源是为了发展农业生产，保护农业自然资源是为了更好地利用和永续利用，两者之间并没有根本的对立。人类在对自然界中的各种资源开发和利用的过程中，必须遵循客观规律。各种农业自然资源的开发和利用都有一个量的问题，超过一定的量度就会破坏自然资源利用、再生增殖和补给之间的平衡关系，进而破坏生态平衡，造成环境恶化。例如，对森林的乱砍滥伐、对草原的超载放牧、对水域的过度捕捞等，都会使农业自然资源遭到破坏，资源量锐减，出现资源短缺乃至枯竭的状况，导致生态平衡失调，引起自然灾害增加、农业生产系统产出量下降。因此，在开发和利用农业自然资源的同时，要注重对农业自然资源的保护，注意用养结合。

（3）合理投入和适度、节约利用的原则

对农业自然资源的合理投入和适度、节约利用，是生态平衡和生态系统进化的客观要求。整个农业自然资源是一个大的生态系统，各种资源及其相互之间都有一定的结构，保持着物质循环和能量转换的生态平衡。要保持农业自然资源的合理结构，就要使各种资源的构成及其比例适当，确定资源投入和输出的最适量和资源更新临界点的数量界限，保证自然资源生态系统的平衡和良性进化。

这是由人类的长远利益和农业可持续发展的客观要求所决定的。农业生产的对象主要是有生命的动植物，而动植物之所以能够在自然界中生存繁衍，是因为自然界为它们提供了生存发展所必需的能量物质和适宜的环境条件，这些自然条

件的变化会引起物种的出现和灭绝。在农业生产中，人们往往只顾及眼前利益，为了更多地获取经济效益而破坏生态环境的情况十分常见，致使生态系统失去平衡，各种资源遭到破坏，给人类社会带来了巨大灾难，也使农业生产和经济发展受到严重制约。因此，农业生产务必要树立维护生态平衡的长远观点和全局观点。对土地资源的利用管理也应该坚持这一原则，力求做到经济效益、社会效益和生态效益有机统一，使各类土地资源的利用在时间上和空间上与生态平衡的要求相一致，以保障土地资源的可持续利用。

（4）多目标开发、综合利用的原则

这是由农业自然资源的特性所决定的，也是现代农业生产开发和利用自然资源的必然途径。现代化农业生产较高的水平，使得农业自然资源的多目标开发、综合利用在技术上具有可行性。为此要进行全面、合理地规划，从国民经济总体利益出发，依法依规有计划、有组织地进行多目标开发和综合利用，坚决杜绝滥采、滥捕、滥伐，以期获得最大的经济效益、社会效益和生态效益。

（5）因地制宜的原则

因地制宜就是根据不同地区农业自然资源的性质和特点，即农业自然资源的生态特性和地域特征，结合社会经济条件评价农业生产的有利因素和不利因素，分析并研究农业资源利用的方向，发挥地区优势，扬长避短、趋利避害，把丰富多样的农业自然资源转换成为现实生产力，促进经济发展。

这是合理开发和利用土地的基本原则，是指从各地区的光、热、水、土、生物、劳动力和资金等生产资料的具体条件、农业生产发展的特点和现有基础的实际情况出发，根据市场和国民经济需要等具体情况，科学、合理地安排农业生产布局和农产品的品种结构，以获得最大的经济效益和保持良好的生态环境。我国的土地资源类型多样，地域分布不平衡，各地区的资源条件以及社会、经济、技术条件差别很大，生产力发展水平也有较大差距。因此，对土地资源的利用管理要从各地区实际情况出发，合理地组织农业生产经营活动。具体而言，就是要选择适合各地域土地特点的农业生产项目、耕作制度、组织方式和农业技术手段等，进行科学的管理和经营，充分利用自然条件和资源，扬长避短、发挥优势，最大限度地发挥土地资源的生产潜力，提高土地资源的利用率和生产率，从而实现对土地资源的最优化利用。这既是自然规律和经济规律的客观要求，也是实现农业生产和国民经济又快又好发展的有效手段。

（6）有偿使用的原则

土地资源是一种十分稀缺的农业自然资源，也是一种具有使用价值的生产要素。在市场经济条件下，土地资源的利用也应该遵循价值规律，要对土地进行定价和有偿使用，通过"看不见的手"来实现土地资源的优化配置。只有对土地资源实行有偿使用，才能在经济上明确和体现土地的产权关系，促使用地单位珍惜和合理使用土地资源，确保因地制宜、经济有效、生态效益和节约用地等四项原则的贯彻落实。

（二）农业自然资源的开发和利用管理

农业自然资源的开发和利用管理，就是要采用经济、法律、行政和技术手段，对人们开发和利用农业自然资源的行为进行指导、调整、控制和监督。

1.合理开发和利用农业自然资源的意义

（1）合理开发和利用农业自然资源是农业现代化的必由之路

农业自然资源是农产品的主要来源和农业生产力的重要组成部分，也是提高农业产量和增加社会财富的重要因素。在社会发展时期，受生产力发展水平的影响，农业自然资源的开发和利用受到相应的制约。在社会生产力较低时，人们对农业自然资源是被动有限的利用，不可能做到合理的开发和利用；随着社会生产力水平的提高，特别是随着现代科学技术的应用，人们已经能够在很大程度上合理地开发和利用农业自然资源来发展农业生产，从而不断提高农业的集约化经营水平和综合生产能力。我国目前面临着农业自然资源供给有限和需求增长的矛盾，而充分挖掘及合理开发和利用农业自然资源，提高农业劳动生产效率，达到较高的农业生产水平，是解决这一矛盾的主要手段，也是实现我国农业现代化的必由之路。

（2）合理开发和利用农业自然资源是解决人口增长与人均资源不断减少这一矛盾的途径之一

当前世界各国都不同程度地存在着人均资源日益减少、相对稀缺的问题。据我国人口专家的计算，全国农业自然资源的最佳负荷量是7亿人口，而我国当前人口已超过14亿，人口与自然资源的平衡早已打破，人均资源量处于较低水平，且仍在下降。针对这一问题，合理开发和利用农业自然资源，提高农业自然资源的单位产出效率，使有限的农业自然资源得到最大化地利用，是解决这一矛盾最有效的途径。在这方面，一些发达国家积累了丰富经验，如日本、以色列等国家在人均自然资源贫乏的条件下，充分利用现代科技，创造了高产、高效农业的典范，我国应该学习和借鉴这些经验，充分、合理地利用我国的农业自然资源，使上述矛盾得以缓解。

（3）合理开发和利用农业自然资源是保护资源、改善生态环境的客观要求

如果农业自然资源的开发和利用不合理，就会导致资源的浪费和衰退。同时，工业"三废"的大量排放和在农业生产过程中化肥农药的过量使用，以及对农业自然资源的掠夺式开发和利用等，还会使生态环境受到严重的污染和破坏，既影响了农作物的生长和农业生产的发展，也危及人类和动物的健康。目前，世界很多国家和地区，自然资源的过度开发和生态环境的恶化都已十分严重，已经危及了人类的健康和生存。因此，在农业自然资源的开发利用过程中，人们不能只看眼前的、局部的利益，而应该做长远、全面的考虑，把发展农业生产与保护资源、维护生态环境结合起来。只有对农业自然资源加以合理的开发和利用，形成农业生产和环境保护的良性循环，才能实现这一目标。

2. 农业自然资源开发和利用管理的目标

（1）总体目标

农业自然资源的开发和利用管理，总体目标是保障国家的持续发展，这一总体目标也规定了农业自然资源的开发和利用管理的近期目标和长远目标。其中，近期目标是通过合理开发和有效利用各种农业自然资源，满足我国当前的经济和社会发展对农产品的物质需求。长远目标则是在开发和利用农业自然资源的同时，

保护农业自然资源生态系统，或者在一定程度上改善这一系统，以保证对农业自然资源的持续利用。

（2）环境目标

自然资源的开发利用是影响环境质量的根本原因，而农业自然资源所包括的土地、气候、水和生物资源是人类赖以生存的自然资源的基本组成要素，因此加强对农业自然资源开发利用的管理，如控制土地资源开发所造成的土地污染、水资源开发中的水环境控制等，就是农业自然资源开发和利用管理的环境目标。

（3）防灾和减灾目标

这里的灾害是指对农业生产活动造成严重损失的水灾、旱灾和雪灾等自然灾害。在农业自然资源开发利用过程中，加强对自然灾害的预测、监测和防治等方面的管理，可以使自然灾害造成的损失减少到最低。对于人类开发和利用农业自然资源所可能诱发的灾害，应当在农业自然资源开发利用的项目评价中予以明确，并提出有效的防治措施。

（4）组织目标

国家对农业自然资源开发和利用的管理是通过各层次的资源管理行政组织实现的，国家级农业资源管理机构的自身建设和对下级管理机构的有效管理是实现农业自然资源开发和利用管理目标的组织保证。同时，保证资源管理职能有效实施的资源管理执法组织的建设和健全也是农业自然资源管理组织目标的重要内容。另外，农业自然资源开发利用管理的组织目标还包括各类农业自然资源管理机构之间的有效协调。

3.农业自然资源开发利用管理的政策措施

（1）建立合理、高效的农业生态系统结构

农业生态系统结构直接影响着农业自然资源的利用效率。土地资源、气候资源、水资源和生物资源得到合理的开发和利用与农业生态系统结构密切相关。因此，加强农业自然资源开发和利用管理的首要任务是要建立起有利于农业自然资源的合理配置和高效利用，有利于促进农、林、牧、副、渔良性循环和协调发展，有利于改善农业生态平衡，有利于提高农业经济效益、社会效益和生态效益的农业生态系统结构。

（2）优化农业自然资源的开发和利用方式

优化农业自然资源的开发和利用方式，推行循环利用农业自然资源的技术路线和集约型发展方式，改变目前粗放型的农业自然资源的开发和利用方式，是加强农业自然资源管理、提高资源利用效率的根本途径。具体而言，就是要把节地、节水和节能列为重大国策，制定有利于节约资源的产业政策，刺激经济由资源密集型结构向知识密集型结构转变，逐渐消除变相鼓励资源消耗的经济政策，把资源利用效率作为制定计划和投资决策的重要准则和指标，建立关系国计民生的农业自然资源特殊保护制度等。

（3）发展农业自然资源产业，补偿农业自然资源消耗

为了增加农业自然资源的供给，必须发展从事农业自然资源再生产的行业，逐步建立起正常的农业自然资源生产增殖和更新积累的经济补偿机制，并把农业自然资源再生产纳入国民经济发展规划。土地资源所具有的经济特征及其在农业生产中的重要作用，决定了土地利用不仅仅是一个技术问题，同时是一个重大的社会经济问题，也是农业经济管理的重要课题。为了合理、有效地开发和利用土地资源、保护土地资源，不断提高土地生产力，必须探讨土地利用的客观规律，加强对土地资源的利用管理。

（三）提高农业土地利用率的基本途径

1. 保护和扩大农业用地，努力提高土地资源的利用率

（1）必须坚持积极推进土地整理，制定适度开发土地后备资源的方针

我国后备土地资源的潜力在于土地整理，今后补充耕地的方式也要依靠土地整理。开展土地整理，有利于增加耕地面积，提高耕地质量，同时也有利于改善农村生产和生活环境。

（2）国家必须建立耕地补充的资金保障

土地整理是对田、水、路、林、村进行的综合整治，需要大量资金。为此，

一方面，要按照《中华人民共和国土地管理法》规定征收新增建设用地的土地有偿使用费，并以此作为主要资金来源，建立土地开发整理补充耕地的专项基金，专款专用，长期坚持；另一方面，有必要制定共同的资金投入政策，将土地整理与农田水利、中低产田改造、农田林网建设、小城镇建设、村庄改造等有机结合起来，依靠各部门共同投入，产生综合效益。

（3）应该根据土地利用状况和社会经济条件，确定土地整理的重点区域

土地资源利用率是反映土地利用程度的指标，是指一个地区或一个农业单位已利用的土地面积占土地总面积的比例。在不影响水土保持、不破坏生态环境的前提下，应该尽量开发土地资源，提高土地资源的利用率。衡量农业土地资源利用率的主要指标有土地利用率、垦殖指数和复种指数等，相关计算公式如下所示：

$$土地利用率 = \frac{已开发利用的土地面积}{国土总面积} \times 100\%$$

$$垦殖指数 = \frac{耕地面积}{土地总面积} \times 100\%$$

$$复种指数 = \frac{总播种面积}{耕地面积} \times 100\%$$

要提高农业土地资源的利用率，其途径主要有以下几条：

第一，开垦荒地，扩大耕地面积。在荒地开垦过程中，要尊重客观规律，在注意农业生态平衡和讲求经济效益的同时，处理好摺拾荒地与种好原有耕地的关系。

第二，保护土地，节约用地。保护土地是指要防止由乱砍滥伐、毁林开荒、毁草种粮、过度放牧和粗放式经营等原因造成的水土流失、风沙侵蚀和土地破坏，要保持良好的土壤结构和理化性状，保证土壤肥力不断提高，维持农业生态系统的良性循环。

第三，扩大林地面积，提高森林覆盖率。森林具有调节气候、涵养水源、保持水土和防风固沙等效能，还能够减少空气污染、净化美化环境。目前，我国森林覆盖率只有 14% 左右，处于较低水平，我国农业自然灾害频繁发生与此不无关系。另外，发展林业还可以为国家建设和人们生活提供大量的木材和林副产品，为农业生产提供燃料、肥料和饲料等。

第四，合理开发和利用草地资源。草地资源包括草原、草坡和草山，利用各种草地发展畜牧业，能以较少的投入获得大量畜产品，是经济、合理利用土地资源的有效方式。同时，合理开发和利用草地资源、做好草地建设，还能够调节气候、保水固沙，建立良好的生态系统。

第五，合理开发和利用水域资源。目前，我国淡水可养殖面积的利用率和海水可养殖面积的利用率还有很大的开发和利用潜力。对于水域资源的利用，应该坚持捕捞和养殖相结合的原则，努力提高水域资源的利用率。

2. 实行土地集约化经营，不断提高农业土地资源的生产率

在农业生产发展过程中，对土地的经营有粗放型经营和集约化经营两种模式。其中，粗放型经营是指在技术水平较低的条件下，在一定面积的土地上投入较少的生产资料和活劳动，进行粗耕粗作、广种薄收，主要靠扩大土地耕作面积来增加农产品产量和农民收入的一种农业经营方式。集约化经营是指在一定面积的土地上投入较多的生产资料和活劳动，应用先进的农业技术装备和技术措施，进行精耕细作，主要靠提高土地生产率来增加农产品产量和农民收入的一种农业经营方式。农业生产经营向集约化方向发展，是由土地面积的有限性和土壤肥力可以不断提高的特性决定的，也是农业生产发展的必然趋势。

衡量土地集约化经营水平的主要标志是农业土地生产率。农业土地生产率是指在一定时期内（通常为一年），单位面积土地生产农产品的数量或产值。单位面积的土地上生产的农产品越多或产值越高，农业土地资源的生产率就越高。一般来说，农业土地生产率可以按耕地面积和播种面积分别计算，如下所示：

$$耕地面积生产率 = \frac{农作物总产量（产值）}{耕地面积} \times 100\%$$

$$播种面积生产率 = \frac{农作物总产量（产值）}{播种面积} \times 100\%$$

农业土地生产率主要受自然条件、农业科学技术水平、生产资料的数量和质量、劳动的数量和质量等因素的制约。要提高农业土地的生产率，就必须不断改善农业生产条件，增加农业科技投入，实行精耕细作，保护和提高土壤肥力，把已经用于农业生产的土地资源利用好，即提高土地集约化经营的水平。

根据目前我国农业生产经营的现状来看，要提高土地的集约化经营水平，就必须调整并优化农业生产结构和农作物种植布局，发展适应性强、效益高的农业生产项目。为此，需要增加农业资金投入，提高农业技术装备水平，改善农业生产条件，实施科教兴农战略，广泛应用现代农业科学技术，提高农业生产的机械化、科学化水平；扩大耕地复种面积，提高复种指数；做好农业经营管理，提高农业的整体素质，使农业土地资源生产率脱离传统生产方式的束缚，形成一种提升农业生产的发展模式。

在增加农业生产投入、提高土地集约化经营水平的过程中，要注意追加投资的适合度，尊重土地报酬递减规律。追加投资适合度是指在一定科学技术水平条件下，追加的投资与增加的产量和产值之间有一个合理限度。在技术条件不变的情况下，农业增加投资也是有限度的。如果超过了这个限度，那么增加的农业投资不但不会带来农产品产量的增加，反而可能导致产量和产值的减少。在一定面积的土地上，追加投资的最大限度应该是边际收益与边际成本相等的"点"。在达到这一点之前追加投资，会使土地继续增产增收，集约化水平提高；在达到这个点之后继续追加投资，便会出现增产减收，甚至减产减收，土地经营的集约化水平下降。因此，当对单位面积土地投资的增加额与递减的土地报酬相等时，追加投资达到最大限度，土地产出最大化，在既定技术条件下的土地集约化经营达到最高水平。

3.促进农业土地合理流转，提高农业土地资源的使用效率

农业土地作为一种生产要素，只有合理流转，才能实现合理配置和高效利用，才能真正体现土地资源作为生产要素的性质。随着我国农村改革的不断深入及农业的商品化和产业化，农村非农产业发展迅速，土地资源已经不再是农民唯一的谋生手段。因此，我国现有的农业土地政策必须适应形势的变化，作出相应的调整，以使愿意从事其他非农产业的农民能够离开土地、顺利转移出去，使愿意继续耕种土地的农民能够发挥特长，获得更大面积的土地进行规模化生产经营，提高农业生产的现代化和产业化水平。

农村土地流转是一个比较复杂的问题，目前，理论界对这一概念的理解和界定也不尽相同，一般认为：农村土地流转是指在农村土地所有权归属和农业用地性质不变的情况下，土地承包者将其土地承包经营权转移给其他农户或经营者的行为，其实质就是农村土地承包经营权的流转。农村土地流转是促进农业规模化和产业化经营、提高农业土地资源使用效率的重要渠道，要实现农村土地的合理流转，需要做好以下方面：

（1）提高对农村土地流转工作的认识，加强管理

农村土地流转是农村经济发展的必然结果，也是农村劳动力转移的客观要求。各级政府应该充分认识到农村土地流转工作的重要性，做到思想上重视、措施上可行、落实上到位，要以有利于农业生产要素合理流动、有利于促进农业结构调整、有利于增加农民收入为根本出发点，加强对农村土地流转工作的指导和管理，建立有效的管理体制和运行机制，维护农村土地流转的正常秩序和各利益方的合法权益。

（2）依法流转，规范秩序

要完善以实现土地承包经营权的财产权为主体的农村土地制度，建立"归属清晰、权责明确、保护严格、流转顺畅"的现代土地产权制度，促进农户土地承包经营权和财产权的统一。

（3）积极培育农村土地流转市场

要妥善解决土地经营的公平和效益问题，就必须培育土地流转的市场机制，从制度上保障农业生产要素的优化组合，实现农业土地资源的优化配置和高效利用。因此，建立农村土地流转的市场化运作机制是农村土地制度改革的必然趋势，而建立健全中介服务组织是促进农村土地流转市场化的重要环节。中介服务组织主要负责农村土地流转的管理和中介工作，协调处理各利益方之间的关系，做好土地流转过程中的服务工作，在农村土地资源的供给主体和需求主体之间起到媒介和桥梁作用。

（4）建立保障机制，促进农村土地合理流转

在农村土地流转过程中，会有大量的农民离开土地，放弃传统的农业生产和生活模式。一旦他们不能找到新的工作机会，这些失地农民将没有收入来源，生活将失去保障，成为农村土地流转进程中的不稳定因素。因此，要保证农村土地合理流转的顺利进行，必须建立健全可靠的农村社会保障机制，特别是失地农民的社会保障机制，积极探索农村医疗保障和最低生活保障机制，解决农民的后顾之忧，促进农村土地的合理流转。

（5）加强科技培训，提高农民素质

在农业生产规模化和产业化的进程中，需要一大批了解市场经济规律、掌握农业科学技术、擅长农业经营管理的农业科技人才，为土地合理流转之后的农业现代化经营提供技术和人才支持。为此，必须加强对农民的科技培训，提高农民的综合素质和科学素养，拓宽农民择业的渠道，特别是使农民能够脱离土地、实现跨行业转移和身份转变，使农村剩余劳动力得到有效转移，为农村土地的合理流转铺平道路，不断提高土地资源的配置效率，增加农民的经济收入。

农业土地资源的保护和利用管理是一项十分复杂的工作，涉及面广、层次复杂，管理起来问题多、困难大、任务重，必须要建立合理的农业土地资源管理体制和运行机制，使土地资源的保护和利用管理走上科学化、法治化的轨道，从而实施更加规范、更加有效的管理。

第四节　农业资金

一、农业资金的概述

农业资金的数量及其运营状况直接影响着农业生产的发展水平，由此，了解农业资金运动的特点和分类，掌握农业资金运动的规律，对合理利用农业资金、提高农业资金的利用效率具有十分重要的意义。

（一）农业资金的概念

农业资金有广义和狭义两个层面的含义。广义的农业资金是指国家、个人或社会其他部门投入农业领域的各种货币资金、实物资本和无形资产，以及在农业生产经营过程中形成的各种流动资产、固定资产和其他资产的总和。广义的农业资金实际上就是用于农业生产经营的各种财物和资源的总和，并且总是以一定的货币、财产或其他权利的形式存在。狭义的农业资金是指在农业再生产过程中，在生产、流通、分配和社会消费等环节中财产物资的货币形态，即社会各投资主体投入农业的各种货币资金。广义的农业资金实际上涉及农业生产管理的全过程，而目前制约农业发展最关键的资金问题是狭义农业资金的投入问题。

在农业生产经营活动中，农业资金具有保证农业再生产顺利进行、保证农业生产成本垫支、参与农业价值创造等多种职能。因此，农业资金是进行农业生产的重要条件。

（二）农业资金流转的特点

农业生产受自然因素的影响较大，农业部门与其他物质生产部门相比，在资金占用上也有其自身的特点。

1. 生产过程复杂，资金占用量大

农业生产项目多，所需要的生产资料品种多，作业操作环节多且复杂，再加之大多数农业机械和农机具专用性强、通用性差，各种农业机械设备和农机具的配备量大、利用率低，农业生产周期长、季节性强，因此，在储备资金和生产资金等方面，往往占用数额较大。

2.生产过程生产周期长，资金周转慢

农业生产受气温、光照和水分等多种因素的影响，一个农业生产过程有的几个月，有的十几个月，有的则达几年。在一种产品的生产过程中，各种作业项目之间有一定的间隔期，使农业资金的投放和回收有一定的季节性，致使农业资金占用的时间长、回收慢。

3.农业资金的利用率低

一方面，由于农业生产周期长，资金周转慢，回收期长，再投资的机会少，导致农业资金的利用率低；另一方面，用在各种农业机械和农机具上的资金，每年只能在有限的季节和生产环节上使用，从而导致农机具设备闲置时间长，资金的利用效率低。

4.农业资金投入的风险大

农业生产受自然风险和市场风险的双重约束，无论是遭遇自然灾害还是受到市场变化的影响，都会给农业生产造成巨大损失；严重时，可能使农业资金投入得不到任何收益，致使农业的投资风险远高于其他产业。

（三）农业资金的分类

按照不同的分类标准，农业资金可以进行不同的分类。

1.按农业资金的所有权分类

（1）自有资金

自有资金是指农业生产单位所有、不需要归还别人的资金，主要包括农业生产单位积累的资金和农业企业筹集的股本资金，国家无偿拨付的资金也可以视为自有资金。

（2）借入资金

借入资金是指农业生产单位通过各种方式取得的、具有一定的使用期限、到期后必须偿还他人的资金，如向信贷机构借入的贷款、向社会公开发行的债券、通过民间借贷借入的资金等。

2.按农业资金投入农业生产领域的性质分类

（1）用于农业私人产品的农业资金

用于农业私人产品的农业资金是指农业投资主体投入具有排他性和竞争性的用于农产品生产的资金。由于私人产品投资具有竞争性和排他性，在市场经济中完全可以由经营者个人来提供资金，并由经营者按照市场情况和自身条件进行最优配置。

（2）用于农业公共产品的农业资金

用于农业公共产品的农业资金是指农业投资主体投入的具有非排他性、非竞争性的农业基础设施、农业公共服务等领域的农业资金。由于公共产品的特点会造成私人资金投入的低效率或无效率，因此，一般用于农业公共产品的资金投入应当由政府提供。

二、农业资金的利用与管理

（一）农业资金的来源

农业资金的来源渠道多样，在农业生产过程中，农业生产单位筹措农业资金的渠道主要有以下几个：

1.国家投拨资金

国家在农业上投拨的资金主要有：为国有农业生产单位核拨基本建设资金和流动资金；为农业科研、教育、气象等部门及所属事业单位核拨经费；为整治河流、兴建水库、兴建水电站、营造防护林、整治沙漠、保护草场等专项投资。对于一些以生产单位自筹资金为主的生产项目，国家也给予适量的资金补助，如农田水利、水土保持、养殖基地和农科网建设等。此外，还有地方财政和农业主管部门用于农业的各项支出，以及提高农副产品收购价格、减免农业税费等。

2.农业自身积累

农业自身的资金积累主要来源于集体积累和农民投资两个方面。集体积累的主要来源是各基层生产经营单位依合同约定向合作经济组织提交的积累，主要有公积金、职工福利基金、新产品试制基金和国家下拨的农田基本建设资金等。随着国家或集体对农业基本建设投资的逐步增加，生产条件不断改善，尤其是一些开发性项目的完成以及农业产值的逐年增加，使农业的集体积累不断扩大。农民投资包括用于家庭经营的自筹资金和参加农业合作经济组织的入股资金。现阶段，我国农业普遍实行以家庭经营为主的经营形式，特别是随着从事不同生产项目的专业户和各种新经济联合体的日益壮大，农民的投资已成为农业内部自筹资金的主要来源。

3. 借入资金

借入资金是指农业生产经营单位向商业银行、信用社等金融机构所贷入的款项及结算中的债务等，这部分资金只能在一定期限内周转使用，到期必须还本付息。借入资金的主要渠道有两个：一是从商业银行、信用社贷款。贷款是筹集资金的重要渠道，只要经济合算，有偿还能力，在农业生产中也可以争取和利用各种贷款。二是发行债券。具备条件的农业企业或经营组织，可以通过发行债券的方式，将社会上的闲置资金集中起来用于农业生产。

4. 商业信用

商业信用是指以预收货款或延期付款方式进行购销活动而形成的借贷关系，是生产单位之间的信用行为。商业信用的主要形式有两种，即先提货后付款，先收款后交货。商业信用是生产单位筹集资金的一种方式，随着我国市场经济的发展，商业信用将被更加广泛地运用。农业生产经营单位也应该积极利用这种形式来筹集所需的农业资金。

（二）农业资金的投资

农业投资在农业生产和经营活动中发挥着重要作用，是农业生产实现产业化和现代化发展的重要保障和推动力，因此必须加强对农业投资的管理，重点做好农业投资的资金管理，并提高农业投资的效率。

1. 农业投资的概念及其分类

农业投资是指在农业生产领域，以资金投入的形式组织资源投放，进而形成农业资本或者资产的活动，它是促进农业生产发展的必要手段。按照农业投资活动主体的不同，农业投资结构可以分为政府财政对农业的投资、农村集体投资、农户投资和企业农业投资。

（1）政府财政对农业的投资

政府财政对农业的投资主要是指以政府机构为主体进行的农业投资。从具体形式上看，主要包括以下几个方面：一是政府为国土资源整治、流域开发、水利设施建设、环境改造等方面所提供的资金投入或补贴，主要用以改善与农业生产发展相关的自然环境条件；二是政府对农业科学技术研究、农业和农村教育以及农业试验示范基地建设的资金投入支持；三是政府兴办各种农业服务组织机构，为农业生产提供免费服务的投入；四是政府通过信贷政策扶持，为农业生产发展提供所需要的优惠贷款；五是政府通过各种形式的农产品价格支持、农村生产生活资料供给的优惠补贴等措施，促进农业生产发展和农民收入水平提高等方面的资金投入。各国农业生产发展的经验表明，财政对农业的投资，始终是促进农业生产发展最重要的动力。

（2）农村集体投资

农村集体投资主要是指各级农村集体单位为促进农业生产发展所进行的投资，包括农田水利建设工程投资、生产用大型农业机器设备等生产资料的购置等。农业集体投资是农业投资主体结构的重要组成部分之一。

（3）农户投资

农户投资是指直接从事农业生产经营活动的农户所进行的农业投资行为，包括农业生产的直接投入、小型农业生产设施的修建、农业生产资料以及农村居民生活消费资料的购置等方面的投入。由于农户是农业生产最直接的经营主体和最基本的经营单位，从规模上讲，农户投资是最主要的农业投资主体。

（4）企业农业投资

企业农业投资是指以涉农企业为主体的投资，包括一些专业化从事与农业相关的生产或服务的内资企业和外资企业。这类企业通过提供农业产业服务，直接增加农业资本投入，在获得投资收益的同时促进了农业生产的发展。农业企业一般具有规模、技术、管理、资金、信息和人才等优势，因此在农业生产中具有举足轻重的地位和作用，是实现农业产业化经营和农业现代化发展的组织带动者。

2.农业投资的资金管理

在农业投资过程中，农业资金被投放于不同的农业生产环节。由于进入农业生产的方式不同，其运行和转移的方式也各不相同，要想发挥其功能效用，就需要加强对农业资金使用和周转的管理。

（1）农业流动资金的管理

①农业流动资金的概念与分类

流动资金是指在生产过程和流通过程中使用的周转金。它不断地从一种形态转化为另一种形态，其价值一次性转移到产品成本中去。农业流动资金是在农业生产过程中的周转金，一般由以下几部分组成：

第一，储备资金，是指各种农业生产所需的储备物资所占用的资金，包括种子、饲料、农药、化肥、燃料和修理用材料等。

第二，生产资金，是指农业生产整个过程所占用的资金，如产品、半成品等所占用的资金。

第三，成品资金，是指可以对外出售的各种农业产成品所占用的资金。

第四，货币资金，是指农业生产经营主体的银行存款、库存现金及其他货币资金。

第五，结算资金，是指农业生产经营主体在供应、销售和内部结算过程中发生的各种应收款项和预付款项等。

②农业流动资金的循环周转

农业生产是一个周而复始、连续不断进行的过程，因此，农业生产中的流动资金的循环和周转也是一个不间断的过程。农业流动资金一般从货币形态开始，依次经过农业生产中的采购、生产和销售三个阶段，表现为原材料、在产品、产成品三种不同的存在形态，最后又回到货币形态。

③提高农业流动资金利用效率的途径

第一，加强对于农业生产中物资供应储备环节的管理，主要是加强生产资料采购的计划性，防止盲目采购，同时制订合理的物资储备定额，及时处理积压物资，将储备物资的流动资金占用量控制在最低限度。

第二，加强对于农业生产环节的流动资金管理，主要是确定合理的农业生产结构，改进农业生产组织方式，努力降低农业生产的成本，增加收益；同时，尽可能地缩短农业生产周期，因地制宜地把不同生产周期的农业生产项目结合起来，开展农业多种经营，以便均衡地使用农业生产资金。

第三，加强农产品流通环节及其他环节的管理，主要是及时组织农产品销售，抓紧结算资金的回收；要加强农业贷款安排的计划性，合理确定信贷资金的规模和期限结构，减少成品资金和结算资金的占用量。

（2）农业固定资金的管理

①农业固定资金的概念与特点

农业固定资金是指投放于农业生产资料方面的资金，主要是农业生产经营活动所需的建筑物、机械设备、运输工具、产畜、役畜、多年生果树和林木等实物形态的固定资产所占用的资金。农业固定资金的特点是由农业固定资产的特点所决定的。农业固定资产可以多次参加农业生产经营过程而不改变形态，其价值随着在使用过程中的磨损逐步转移到农产品成本中去，并通过折旧的方式从农产品的销售收益中得到补偿。所以，农业固定资金的周转速度较慢，需要经历固定资产整个使用时期才能周转一次。

②农业固定资产的计量

农业固定资产的计量是指采用货币形式将农业固定资产登记入账并列报于会计报表。正确地进行农业固定资产计量能够保证农业固定资产核算的统一性，为计算农业固定资产的折旧提供依据。农业固定资产计量可根据其来源分别按以下属性来进行：

第一，按历史成本来计量。在历史成本计量下，农业固定资产按照购建时的现金或者现金等价物的金额来计量，即购入的农业固定资产，按照其买价加上支付的运杂费、保险费、包装费、安装成本和税金等计量。自行建造的农业固定资产，按照建造过程中实际发生的全部费用支出计量，包括专门借款的利息费用资本化的部分。投资者实物出资投入的农业固定资产，按照评估确认或者合同、协议约定的价值计量，合同或协议价不公允的除外。融资租入的农业固定资产按照租赁协议或者合同确定的价款加运输费、保险费和安装调试费等计量。接受捐赠的农业固定资产按照发票账单所列标价计量；无账单的，按照同类资产的重置成本或现值计量。

第二，按重置成本计量。在重置成本计量下，农业固定资产按照现在购买相同或者相似资产所需支付的现金或者现金等价物的金额计量。当农业生产单位取得无法确定其原始价值的农业固定资产时，按照同类固定资产的重置成本计量。

第三，按现值计量。在现值计量下，农业固定资产按照预计从持续使用和最终处置中所产生的未来净现金流量的折现值计量，这种计量方式适用于接受捐赠未取得发票也没有同类资产可供参考的情况。

第四，按公允价值计量。在公允价值计量下，农业固定资产按照公平交易中熟悉市场的双方都能接受的价格计量。

③农业固定资产的折旧

农业固定资产折旧是指农业固定资产在使用过程中发生磨损，并转移到农产品成本费用中去的那一部分的价值。农业固定资产磨损包括有形磨损和无形磨损两种情况。其中，有形磨损是指由于物质磨损和侵蚀等而引起的农业固定资产的价值减少。无形磨损是指由于科学技术进步而导致的农业固定资产的价值减少。

已提足折旧继续使用的农业固定资产和按规定单独估价作为固定资产入账的土地不计提折旧，其他农业固定资产均计提折旧。农业固定资产应按月提取折旧，为了简化核算，当月增加的农业固定资产当月不提折旧，从下月起计提折旧；当月减少的农业固定资产，当月还应计提折旧，从下月起不再计提折旧。对于提前报废的农业固定资产，不再补提折旧。提足折旧是指已经提足该项农业固定资产应提的折旧总额。从数量上看，应提折旧总额等于农业固定资产原价减去预计残值再加上预计清理费用。

农业固定资产计提折旧的计算方法主要有平均年限法、工作量法、年数总和法和双倍余额递减法四种。农业企业或农业经营单位应根据农业固定资产的性质和消耗方式，确定合理的预计使用年限和预计净残值，并根据生产技术发展水平、环境及其他因素，选择合理的折旧方法。

第一，平均年限法，是按农业固定资产预计使用年限平均计算折旧的方法，其计算公式如下：

$$某项农业固定资产年折旧额 = \frac{该固定资产原值-（预计残值-清理费用）}{预计使用年限}$$

$$某项农业固定资产的月折旧额 = \frac{该项固定资产的年折旧额}{12}$$

在实际工作中，农业固定资产折旧额也可以根据该项固定资产的折旧率计算，其计算公式如下：

某项农业固定资产的月折旧额 = 该固定资产原值 × 月折旧率

第二，工作量法，是适用于农用车和收割机等农业固定资产采用的一种折旧方法，主要根据该固定资产的工作量和工作时间来计提折旧，其计算公式如下：

$$单位里程折旧额 = \frac{该固定资产原值-预计残值+预计清理费}{预计工作总量}$$

如果按照行驶里程计算农业固定资产折旧额，上述计算公式可表示为：

$$单位工作量折旧额 = \frac{该固定资产原值-预计残值+预计清理费}{预计行驶总里程}$$

或者：

$$单位里程折旧额 = \frac{该固定资产原值 \times （1 - 预计净残值率）}{预计行驶总里程}$$

年折旧额 = 期初固定资产价值 × 年折旧率

但是，在最后两年，要用该项固定资产期初价值扣除净残值后平均计算折旧额。

第三，年数总和法是用农业固定资产原值减去预计净残值的差额乘以折旧率来计算确定当期折旧额的方法，其计算公式如下：

$$年折旧率 = \frac{折旧年限 - 已使用年限}{折旧年限 \times （折旧年限 +1） \div 12}$$

$$月折旧率 = \frac{年折旧率}{12}$$

$$年折旧额 = \frac{（固定资产原值 - 预计净残值）}{年折旧率}$$

$$月折旧额 = \frac{年折旧额}{12}$$

④提高农业固定资金使用效率的途径

第一，合理购置农业固定资产。在农业资金投入有限的情况下，尽量选用通用的农业固定资产，以减少对农业固定资金的占用量。

第二，科学计提农业固定资产折旧。一方面要选择恰当的折旧方式，使该收回的农业固定资金早日收回；另一方面，确定好计提折旧的农业固定资产的范围，该计提折旧的都要计提折旧，不该提折旧的农业固定资产则不再计提折旧。

第三，加强农业固定资产管理。要定期清查盘点，及时处理不需要的农业固定资产，使未使用的农业固定资产及早投入使用，使不需要的农业固定资产及时得到处理；同时，建立健全农业固定资产的保管、维修、使用和改造制度，使各种农业固定资产处于技术完好状态，延长农业固定资产的使用寿命，提高农业固定资产的生产能力和使用效率。

3. 提高农业投资效率的对策分析

加强对农业资金的管理，其中最重要的环节是要提高农业投资的效率，要以加快农业生产发展为目标，从体制、市场、民生、文化和管理等多个方面入手，促进农业投资增效，使各类农业投资用到实处，发挥最大作用。当前，要提高我国农业投资的效率，应该做好以下几方面工作：

（1）提升各级政府对农业投资的投资效率

首先，要加强各级政府对农业投资的导向性作用和示范性作用，通过更有效的农业补贴，吸引更多的投资进入农业生产领域，增加农业资本投入；其次，加快建立符合我国国情的政府投资监督体系，提高政府资金的运行效率，简化政府投资的多头管理体制，尤其防止对农业资金的占用；再次，加强政府对农业投资项目的科学论证，把长期利益和短期利益结合起来，建立合理的投资决策机制和评估机制；最后，加快建立健全专门针对财政农业投资的法律法规，以利于财政农业投资的依法实施和组织，以及农业财政投资的监督保障职能的发挥。

（2）提升农村集体经济组织的农业投资效率

农村集体经济组织对农业的投资，应该集中在为当地农业发展提供基础设施和生产服务，以及提供农业公共品等方面；要进一步厘清农村集体经济的产权问题，明确农村集体经济组织在农业投资中的边界，发挥好农村集体经济组织投资对政府农业投资和农户投资的补充作用。

（3）促进农户投资增效

农户是最直接的农业生产经营者，也应该是农业投资的最大受益者。为了鼓励农户加大对农业生产的投资，除了政府要加大农业保护和补贴以增加农户投资收益之外，还应该着眼于市场，增强农产品的专业化生产，提升农产品的市场竞争力，提高农户投资收益；同时，要鼓励农户规模化经营，引进先进的农产品深加工技术，提高农产品的附加值，提升农户投资的效益。

（4）提高企业的农业投资效率

一方面，要充分利用各种优惠措施和政策，引导和鼓励内资和外资企业加大对农业的投资，加快农业先进技术成果通过企业向农业生产转化，从而提升农产品的科技含量和竞争力，增加农产品生产和销售的利润空间；另一方面，进一步完善农产品市场，为农产品的生产、加工和流通领域的产业化发展建立市场基础，促进农产品的商品化生产，提高企业对农业投资的效率。

总之，农业是我国国民经济健康发展的基础，而农业资金投入是农业稳定发展的前提和保障。因此，提高农业投资效益，增加农业资金投入，是我国农业现代化和产业化发展的必由之路。合理利用农业资金，提升农业投资效益，探索符合我国国情的农业高效发展模式，对于我国国民经济发展和社会主义新农村建设具有十分重要的意义。

三、农村集体资金资产资源管理

目前，在农业投资中最重要的投资主体就是农村集体。农户和企业往往资金力量不够强大，对于农业投资的意愿也不强。因此，要加强对农业资金的管理，重要的是要加强对农村集体资金、资产和资源的管理，促进农业集体的农业资金投入，从而增强资金的利用率。

（一）加强农村集体资金、资产和资源管理的意义、目标和原则

农村集体是指村集体经济组织。农村集体资金是由集体共有的。在村集体经济组织内，农村集体资金十分重要，是农村发展的重要物质基础，因此，必须要细致地管理资金、资产和资源，要明确收入和支出，准确记录，维护好大家的合法权益，保护农村基本经营制度的稳定。而且，农村集体资金还可以刺激农村集体存量资产，为农户服务，不断增加农民的收入。农村集体资金关系重大，各级农村经营管理部门必须要了解它的重大意义，加强对农村集体资产和资源的监管。

在管理农村集体的资金、资产和资源过程中，管理者最开始应当有这样一个意识，即农村集体资金、资产、资源为所有集体组织内的公众所共有，农民始终

占据着主体地位。管理者要维护好广大公众的权益，坚持依法治财、依法行政。管理者必须始终遵循民主的原则来管理农村集体资金，要保障集体经济组织内部所有成员的合法权利，如对于资金的使用权、收益权和管理权，对于组织内部决策的决策权等，在符合法律规定的前提下，允许成员有平等参与决策的权利，并接受监督。管理者还要坚持公开原则，即农村集体资金、资产和资源的变动都必须要告知集体经济组织内所有成员，如公开资金的使用与收益，当承包、租赁资产和资源时要由全体集体成员公开投标竞价。管理者还要始终坚持成员受益的原则，采用不同的经营管理方式，保障资金、资产和资源的安全和升值，使集体经济组织内的农民都能够受益。

（二）建立健全农村集体资金、资产和资源管理制度

在农村集体经济组织内，资金、资产和资源极其重要，关系着农村经济的发展，关系到每一个农民的经济收益，因此，必须要建立健全各项管理制度，这样才能够更好地管理资金、资产和资源，有法可依，有章可循，有效地履行对农村集体经济组织内资金、资产和资源的管理职责。

1. 规范农村集体资金管理制度

（1）财务收入管理制度

在农村集体经济组织管理过程中，要规范财务收入管理制度，针对集体收入、社会捐赠资金、补助、集体建设用地收益、上级转移支付资金等，进行及时的核算和管理，定期盘点；要建立严格的财务收入管理制度，实行收支两条线管理。对违反《中华人民共和国会计法》及有关规定，以及截留、挪用和侵占单位或个人集体资金的行为，必须严肃查处。

（2）财务开支审批制度

针对农村集体资金，要设置财务开支审批制度。当发生财务开支事项时，要根据具体情形具体操作。如果是日常的财务开支，那么就可以按照规定程序进行审批，审批通过之后，就可以执行此次财务开支活动。如果是重大事项开支行为，就需要履行民主程序，最开始此次重大事项财务开支的经手人必须要获取合法的

原始凭证，然后要标注清楚此次财务开支的用途，接下来进行盖章或签字，并提交给民主理财小组，由民主理财小组进行集体审核。当民主理财小组审核同意之后，还要由组长盖章或签字，然后再次上报，由主管财务的负责人审核批准，当其审批完成之后，然后进行盖章或签字，表明自己审批同意，之后再由会计人员进一步审核，记录账目。这是一套比较完整的财务开支审批制度。当这一套财务开支审批的流程完成之后，就需要向公众公开，接受公众的监督。

（3）财务预决算制度

在最初，相关人员应当针对农村集体资金的情况，编制好整一年的农村集体资金预算方案，然后通过规定程序召开表决会议，表决会议完成之后，要将结果对公众公布。当资金预算方案与现实情况有差异时，要根据现实的具体情况调整预算，在调整资金预算方案的过程中，也要严格地按照规定程序执行。在年末，应当进行全年的财务决算，并将全年的实际财务决算结果与之前的资金预算方案的执行情况公布给全体民众。

（4）资金管理岗位责任制度

在农村集体资金管理制度规范过程中，要设置资金管理岗位责任制度，不同的管理岗位承担着不同的责任，有着不同的权限；要实行分管制度，财务印鉴、支票分开保管，款、账分开保管，这样也能够更好地保证农村集体资金的安全管理，监督管理人员。在农村集体经济组织内农村集体资金的性质不能改变。

（5）财务公开制度

农村集体资金一定要财务公开，财务账目以及财务的支出和收入等活动情况都要每一项、每一笔定期公布。同时，在每一年刚开始的时候，要向公众公布一整年的财务收支计划；在每一个月或者每一个季度，都要向公众公布每笔款项的支出和收入情况；在年末的时候还要向公众公布收益分配和债权债务等情况。

2.健全农村集体资产管理制度

（1）资产清查制度

在农村集体经济组织中，针对组织内的所有资产都要进行定期清查，这样才可以做到清晰明了，其中，组织内的所有者权益、负债和资产是比较重点的清查对象。

（2）资产台账制度

农村集体经济组织内的所有固定资产，如农业基本建设设施、建筑物、房屋和工具等，都要分门别类地建立资产台账，当这些固定资产的具体情形发生变化时，要及时地记录下来。其中，这个固定资产台账的内容包含资产的名称、数量、类别、单位和原始价值等。如果有某一部分固定资产处于租赁或者承包业务经营中，资产台账内容还应该包括租赁或承包的起始时间、租赁或者承包人的姓名、租赁或承包期限、租赁或承包金额等。当农村集体经济组织的资产报废或出让时，也要在资产台账中登记，然后核销。

（3）资产承包、租赁和出让制度

当集体资产被承包、租赁和出让时，应当制订相关方案，明确资产的名称、数量、用途，承包、租赁、出让的条件及价格，是否招标投标等事项，同时履行民主程序。当集体资产被承包、租赁和出让经营时，应当签订经济合同，明确双方的权利、义务和违约责任等，并向全体成员公开。经济合同及有关资料应当及时归档并报乡（镇）农村经营管理站备案。

（4）资产经营制度

在农业集体经济组织中，当集体的资产被承包、租赁和出让时，要签订合同，针对合同的履行情况向公众进行公开，并且在合同履行期限内还要组织检查和监督。集体资产在承包、租赁和出让之后，依据合同所收取的承包、租赁和出让资金不归属于某个个人，而是归农业集体经济组织所有。针对集体经济组织统一经营的资产，经营管理者要明确经营目标和责任。同时，当运营管理者进行决策、管理和收益分配时，也要遵循确定的制度，并且还要进行公开。针对集体经济组织以股份合作制或股份制形式经营的资产，在经营过程中形成的股份收益也要收归整个集体经济组织所有。针对集体经济组织中的资产要定期进行检查和维护，以确保农业集体资产的安全和保值。

3.建立农村集体资源管理制度

（1）资源登记制度

相关法律规定的属于集体所有的土地、林地、草地、荒地和滩涂等集体资源，应当建立集体资源登记簿，逐项记录。资源登记簿的主要内容包括资源的名称、类别、坐落位置和面积等。对于实行承包、租赁经营的集体资源，还应当登记资源承包、租赁单位（个人）的名称、地址、承包租赁资源的用途、承包费或租赁金、承包和租赁期限和起止日期等。对于农村集体建设用地以及发生农村集体建设用地使用权出让事项等要重点记录。

（2）公开协商和招标投标制度

对于归集体所有且没有采取家庭承包方式的荒山、荒沟、荒丘、荒滩，以及果园、养殖水面等集体资源的承包、租赁，应当采取公开协商或者招标投标的方式。以公开协商方式承包、租赁集体资源的承包费、租赁金由双方议定；以招标投标方式承包、租赁集体资源的承包费、租赁金应当通过公开竞标、竞价确定。招标应当确定方案，标明招标人的名称和地址，明确项目的名称、数量、用途、期限和标的等内容；招标方案必须履行民主程序。在招标过程中，在同等条件下，本集体经济组织成员享有优先中标权。招标投标方案、招标公告、招标合同和相关资料应当报乡（镇）农村经营管理站备案。

（三）强化民主管理和民主监督，推进农村集体经济管理方式创新

农村集体资金、资产和资源管理要适应农村改革发展的新形势、新要求，强化民主管理和民主监督，积极推进改革创新，增强集体经济组织发展的活力和为农户服务的能力。

1.推进农村集体经济组织产权制度改革

要稳妥推进集体经济组织产权制度改革，探索集体经济的有效实现形式。有条件但还未开展集体经济组织产权制度改革的地方，要加强调查研究，有计划地开展试点工作；已实行产权制度改革的集体经济组织，要建立健全股东大会或股东代表大会、董事会、监事会等机构，强化内部控制机制，完善经营管理制度，

确立激励和约束相结合的运行机制。

2. 发展农民新的联合和合作

鼓励和支持集体经济组织利用资金、资产和资源，以入股、合作、租赁和专业承包等形式与承包大户、技术能人、企业和技术服务机构等进行联合和合作，实现多元化、多层次和多形式经营，发展和壮大集体经济实力，增强集体经济组织服务功能。

（四）加强对农村集体资金、资产和资源管理的指导、监督和服务

农村集体资金、资产和资源管理的指导、监督和服务，是各级农村经营管理部门的重要职责。相关部门要切实履行职责，加强农村集体资金、资产和资源的管理指导工作。

1. 加强农村集体资金、资产和资源管理的指导

各级农村经营管理部门要加强调查研究，结合实际制定农村集体资金、资产、资源保值增值的政策措施。除此之外，还要加强农村集体资金、资产、资源管理的法规建设。对于已经出台农村集体资产管理法规的省（区、市）要加大贯彻落实的力度，并根据改革发展中出现的新情况、新问题，完善相关规定；尚未出台的省（区、市），要抓紧制定有关农村集体资金、资产、资源管理的法规和制度。相关部门要因地制宜、分类指导，帮助集体经济组织建立健全农村集体资金、资产和资源管理制度。

2. 强化对农村集体资金、资产和资源管理的监督

各级农村经营管理部门要强化审计监督：对集体经济组织财务的预算和决算、资金的使用和收益分配进行定期审计，对农民群众反映强烈的集体资金、资产和资源问题进行重点审计，对集体资产和资源的运营进行专项审计。要建立健全责任追究制度，对审计查出的侵占集体资金和资产问题，应当责成责任人将侵占的集体资金和资产如数退还集体经济组织；构成违纪的，应移交纪检监察部门处理；构成犯罪的，应依法移送司法机关追究其刑事责任。

第三章　当代农业经济生产模式

本章对当代农业经济生产形式进行了简要概述，分为家庭经营、合作社经营两部分内容。

第一节　农业家庭经营

一、农业家庭经营的概述

家庭经营在世界农业生产经营中占有重要地位，家庭农场在大多数国家的农场中占90%以上。全世界农场数量约有5.7亿个，其中家庭农场的总数超过5亿个。[①]

（一）农业家庭经营的含义

农业家庭经营的载体为家庭农场，家庭农场又是众多农业生产单位类型中的一类，其最典型的特征表现是经营者为家庭成员。[②] 在此，首先对农业生产单位、农业经营者和家庭农场的含义进行介绍，然后引出农业家庭经营的概念。

联合国粮农组织将农业生产单位定义为：一个在单一管理模式下的农业生产经济单位，包括所有家畜和全部或部分用于农业生产的土地，无论土地的权属、法律形式或规模，可由一个人或家庭完成，也可由两个或两个以上个人或家庭，一个家族或部落，一个法人（公司、合作社或政府机构）完成。

联合国粮农组织将农业经营者界定为：对资源使用作出重大决定并对农业生产单位经营活动进行管理控制的自然人或法人。农业经营者对农场负经济和技术责任，可以直接承担一切责任，或将日常工作管理方面的责任转交给受聘管理者。

关于农业家庭经营，"2014国际家庭农业年"国际指导委员会给出了如下定义：家庭农业（包括所有以家庭为基础的农业生产活动）是组织农业、林业、渔业、牧业和水产养殖生产活动的一种手段，这些活动由家庭管理经营，主要依靠家庭劳动力，包括男劳动力和女劳动力，家庭和农场相互关联、共同发展，综合了经济、环境、社会和文化等功能。

---

① 陈惠敏. 世界粮食日：供养世界关爱地球 [EB/OL]. （2014-10-14）[2022-12-18].http://www.cnxw.com.cn/system/2014/01/14/011804337.shtml.

② 张锦华. 农业经济学 [M]. 上海：上海财经大学出版社，2017：75.

（二）农业家庭经营的特点

1. 对象是农业

农业家庭经营的对象是农业，既包括种植业，也包括林业、渔业、牧业和水产养殖业等。农业独有的产业特征决定了家庭是最佳的农业经营主体。从农业的特点来看，农业是自然再生产与经济再生产相交织的过程，农业劳动对象的生命性、生产的季节性、自然环境的复杂多变性和不可控制性等因素，都要求生产者收益与生产过程直接相关。只有家庭能满足决策者和生产者的同一性，在农业生产领域具有其他经营主体无法比拟的优势。家庭经营可以实现对农业生产全过程和最终产品负责，以及对各种难以预料的变化作出反应，符合农业作为生物再生产过程的特点。

2. 主要为家庭经营

大多数家庭农业经营的定义要求家庭农场部分或完全由某一个人或其亲属所有、经营和管理。联合国粮农组织近年的农业普查表明，在几乎所有可以提供农业经营者法律地位的国家，超过 90% 的农场经营者是个人、一群个人或一个家庭，有的有正式合同，有的没有正式合同。在其余的情况下，经营者为某种实体，如一家企业、一个合作社、一个公共组织或宗教机构。

3. 以使用家庭劳动力为主

一些家庭农场的定义还要求家庭应提供大部分农场劳动力。联合国粮农组织报告指出，家庭农场中平均约有一半的家庭成员部分或全职参与农场劳动。相比之下，几乎在所有能够获得长期雇工数量数据的国家中，家庭农场平均长期雇工数量都很少（远少于每个农场 1 个人）。在农场工作的家庭成员与农场长期雇工数量的平均比率为 20 : 1。由于监管成本往往高于规模经济所产生的效益，使家庭农场成为农业经济的最佳解决方案。家庭农场的规模也往往限制在家庭能够管理而无须过多使用雇佣劳动力的范围内。

（三）农业家庭经营的类型

按不同的标准，农业家庭经营或家庭农场可以分为以下类型：

1. 是否雇工

按是否雇工，家庭农场可以分为不雇工型家庭农场和雇工型家庭农场。尽管雇工型家庭农场需要雇用一定数量的劳动力，但雇工数量一般不超过家庭自有劳动力数量。

2. 经营内容

按经营内容，家庭农场可以分为专业型家庭农场和综合型家庭农场。专业型家庭农场是指农场只经营单一产品，依据产业的不同可以细分为种植型、渔业型、林业型和畜牧养殖型四种。综合型家庭农场是指农场经营多种产品，一般以种养结合为主。

3. 经营规模和销售额

按经营规模和销售额，家庭农场可以分为小型家庭农场、中型家庭农场和大型家庭农场。例如，美国依据家庭农场的销售额划分家庭农场的类型，年销售额高于 25 万美元的农场为大型家庭农场，包括大型家庭农场和超大型家庭农场；年销售额低于 25 万美元的为小型家庭农场，包括资源有限型、退休休闲型、居住生活型和耕种型四种。澳大利亚依据土地经营规模划分家庭农场类型，土地经营规模在 150~200 公顷的农场为小型家庭农场；土地经营规模在 300~800 公顷的农场为中型农场；土地经营规模在 1000 公顷以上的为大型农场。欧盟执行委员会农业及乡村发展署在评估共同农业政策（Common Agricultural Policy，CAP）执行效果时，根据农地面积将农场分为小型农场（农地面积未满 5 公顷）、中型农场（5 公顷以上，未满 50 公顷）、大型农场（50 公顷以上）。另外，由于农地面积不一定能充分反映农场产能（如园艺作物、养猪或养鸡农场通常不需要大面积农地），欧盟辅以统计农场的年度产值，并据以此区分为小经济规模农场（年产值未达 4000 欧元）、中经济规模农场（4000 欧元以上，未达 50000 欧元）和大经济规模农场（50000 欧元以上）。

二、农业家庭经营发展现状

（一）发达国家的农业家庭经营

1. 美国

美国农场的数量在 1935 年达到了顶峰，共有 325 万个家庭农场；到了 1982 年，美国农场的数量下降到 240 万个，较 1955 年减少了 3/5；2000 年，美国有 217 万个农场，与美国农场数达到最高峰的 1935 年相比减少了近 2/3。2012 年美国农场数量大约为 211 万个。从规模方面来看，美国农场平均规模一直维持在 400 英亩（约 161 公顷）以上。尽管美国农场规模很大，但是这些农场基本以家庭经营为主。统计数据显示，在美国家庭经营的农场比例超过 85%。[①] 与此同时，合伙农场和公司农场也有了一定的发展，尤其是公司农场，进入 21 世纪以来数量有所扩张。在美国所有农场类型中，种植业农场占了大多数，占所有农场数量的比重超过半数。可见，在种植业领域，家庭经营的主导地位更为突出。

美国的家庭农场也出现了一些变化。2001 年，美国家庭农场平均规模为 95 公顷，中规模为 364 公顷。其中，规模小于 20 公顷的家庭农场在数量上占主导地位，占比达到 43.7%，但其经营的耕地面积却仅占 3.7%。美国存在着大量的小规模家庭农场，规模小于 4 公顷的家庭农场数量占比超过了 11%，但其经营的耕地面积却仅占 0.2%。与此同时，规模超过 1000 英亩的家庭农场尽管在数量上占比不大，仅为 5.6%，但其经营的耕地面积却接近全部耕地面积的 50%。尤其是规模超过 810 公顷的家庭农场的数量占比不足 2%，但其经营的耕地面积占比超过了 20%。到了 2011 年，美国家庭农场规模的分布发生了显著的变化，尽管小规模家庭农场的数量占比有一定增加，规模不足 4 公顷以及 4~20 公顷的家庭农场数量占比分别增长了 4.6% 和 3.2%，但是其经营的耕地面积占比却没有多大变化。土地更加向大规模家庭农场集中，规模超过 810 公顷的家庭农场数量增加，而且其经营的土地面积增加更为明显，其占比相较 2001 年增加了 10% 以上。2011 年，

---

① 梁涛. 美国家庭农场发展现状及启示 [J]. 农村金融研究，2013（12）：6.

美国家庭农场平均规模是 5.95 公顷，与 2001 年相比几乎没变。但同时大规模家庭农场经营的耕地面积进一步扩张，导致中等规模家庭农场变多。2011 年，中等规模家庭农场是 445 公顷，比 2001 年提高了 8 公顷。①

2. 欧盟

2010 年，欧盟 28 国实际农场劳动人口为 2547 万人，其中有 2350 万人为农场主人或其家庭成员，占农场劳动人口总数的 92.3%。依全时劳动时数换算（以每人每年工作 1800 小时作为全时劳动时数，即 225 个工作天），相当于 995 万个全时农场劳动人口。在 995 万全时农场劳动人口中，77.8% 来自农场主人或其家庭成员，说明欧盟农场主要劳动力来自家庭成员，尤其在马耳他、克罗地亚、爱尔兰和波兰，其家庭劳动人口均超过各该国农业劳动人口的 90%。②

（二）发展中国家的农业家庭经营

相对发达国家的农业家庭经营，发展中国家的农业家庭经营有着自身的特点，突出表现在农地的经营规模较小、生产效率较低、现代化程度不高等。

1. 经营规模较小

相较于发达国家，发展中国家的家庭农场规模较小。在中低收入国家，规模不超过 2 公顷的农场占有超过 30% 的农田，规模不超过 5 公顷的农场占有约 60% 的农田。在低收入国家，规模不超过 2 公顷的农场占有约 40% 的农田，规模不超过 5 公顷的农场占有约 70% 的农田。③与发达国家农场平均规模扩大的趋势相反，自 20 世纪 60 年代起，在多数低收入和中等收入国家，即世界多数农场所在地，农场平均规模逐渐缩小。在非洲撒哈拉以南地区和亚洲，许多国家农村地区的人口快速增长，导致土地持有者数量增加，因此农场平均规模普遍减小。在拉丁美洲及加勒比地区，该趋势不太明显，有些国家的农场平均规模增加，有些国家的农场平均规模则减少。

---

① 夏英. 国外"家庭农场"发展探析 [J]. 中国农业信息,2013(21):34-37.
② 张锦华. 农业经济学 [M]. 上海：上海财经大学出版社，2017：81.
③ 张锦华. 农业经济学 [M]. 上海：上海财经大学出版社，2017：86.

2. 生产效率较低

大量研究显示，农场规模与土地生产率之间存在"反向生产率关系"现象，即许多国家的更小型农场的作物单产高于更大型的农场。研究表明，在撒哈拉以南的部分非洲国家当中，小规模玉米种植者的土地生产率都高于更大型的农场。而劳动生产率的情况恰恰相反，在多数提供数据的国家中，与更大型的农场相比，小型的家庭农场的劳动生产率更低。简言之，与更大型家庭农场相比，小型家庭农场的土地生产率更高，劳动生产率更低，劳动生产率低下意味着家庭收入和消费水平更低。一般而言，与拥有更大型农场的家庭相比，拥有小型农场的家庭收入和消费水平更低、贫困率更高。相较于发达国家，发展中国家的家庭农场的规模较小，劳动生产率相对较低，农户也相对更加贫困。

3. 现代化程度不高

发展中国家小型农场的劳动生产率低下不仅反映出劳动力的过度使用，还反映出农业技术的应用情况。各国在农资投入使用量方面存在较大差异，以化肥的投入为例，低收入国家的化肥使用强度远低于中高收入国家。另外，在高收入国家，全要素生产率增长已经成为提高农业产量的主要推动力。低收入国家全要素生产率增长的贡献率相对较小，农业产量的提高大部分都是依靠扩大农业生产面积来实现的。

三、家庭农业生产经营行为分析

（一）家庭（农户）生产理论

由于农户具有生产和消费的双重性，其生产、消费和要素配置等决策都是相互制约、互相促进的，这种决策间的关联性使得传统经济理论在分析农户经济行为时存在严重的局限性，农户经济理论正是因此而逐步兴起的。美国经济学家舒尔茨是主流经济学界较早关注农户经济的学者，他在研究如何改造发展中国家的家庭农业时提出了著名的"贫穷但有效率"的假说，即在传统农业中，农户在生产要素的配置上很少出现无效率现象，由此而提出了理性小农假说。

早在 20 世纪 20 年代，俄国经济学家恰亚诺夫就已对农户经济进行了研究。他所著的《农民经济组织》或许是将农户经济理论模型化最早的尝试，但他的理论当时并没有得到及时传播，直到 20 世纪 60 年代才被人们重新"发现"而广为流传。根据对俄国农户经济行为进行分析，恰亚诺夫认为农户家庭农业经营追求的绝不是利润最大化，而是家庭成员需求满足程度与劳动力辛苦程度之间的某种均衡，即家庭整体效用的最大化。但其理论最大的缺陷在于，假设劳动力市场不存在且农户能够自由获得土地，这与大多数国家特别是发展中国家农户经济的特征相比存在不一致，但他的思想仍具有重要的开创意义，也为后来的农户研究奠定了基础。

（二）风险和不确定性

在农户农业经营过程中，风险是影响决策的重要变量。一方面，在农业经营过程中，存在着各种风险和不确定性；另一方面，家庭相对企业等主体来说更加脆弱，对风险也有着更强的规避心理，必然会影响家庭的生产行为与相关决策。

1. 风险与不确定性的含义

许多事件会影响决策的结果，这些事件的发生，如果用概率来表示，则称为风险；如果一个事件的发生不能用概率来表示，则称为不确定性。这些事件发生的可能性的大小，既不为决策者所知，也不为其他人所知。但是，经济分析中通行的风险概念，并不建立在对客观风险的理解上，而是决策者对事件是否发生的个人感觉程度。例如，在农业生产中，对降雨可能性的理解重要的不是对干旱平均发生年数的历史知识，而是农民对于干旱是否会发生的个人观点，正是这样的个人观点，决定了农民为应付干旱而要采取的措施。在经济学中，对风险和不确定性的分析使之从客观因素变为主观因素。因此，风险和不确定性的定义可做如下改变：

风险始终与概率有关，是农业决策者对不同事件发生可能性的主观概率。风险分析不仅仅包括这些概率，还包括这些概率影响经济决策的方式。因此，"风险"这个概念指的是农民在不确定事件面前作出决策的整个机制。不确定性指的是与概率无关或者没有概率。在描述性意义上，它指的是农民家庭所处的经济环境的特征，这个环境包含了各种各样的不确定性事件。农民将根据自己对这些事件是否发生的主观判断来确定不同的风险程度。

2. 农业家庭经营中的风险

农业生产过程中广泛存在着各种各样的不确定性，不确定性对于分析农业经济、展望农业经济的未来有着重要意义。不确定性是以不同程度影响市场经济中所有各种经济行为的条件。但是，考虑到天气和其他自然因素对农业产量和农业生产周期长度的影响，不确定性对农业生产比对工业生产的影响更大。此外，发展中国家的农民还面对着许多在工业化国家有组织的生产结构中很少出现的不确定性。基于以上定义的解释，如果农民将不确定性主观视为事件发生的概率，则事件的发生便可以用风险来表示。弗兰克·艾利思把农民面临的不确定性归纳为以下四类：

（1）自然风险

自然风险是指气候、瘟疫、疾病及其他自然灾害给农业产量造成的不可预期的影响。这里，不利的气候可以从播种到收割的各个阶段影响农民生产决策的后果。同时，农民克服瘟疫和疾病的能力取决于他们购买相应市场产品的能力，而在农业社会中，不同家庭具有的购买能力有着极大的差别。因此，自然灾害风险使得农业具有"收益不确定性"或"产量不确定性"。

（2）市场波动

农民从作出种植或饲养牲畜的决策到取得产品之间有一段很长的时期，这意味着农民在作出决策时，并不确切知道销售时的产品市场价格。世界上所有农民都会遇到这个问题，它是各国政府干预农产品市场的一个原因，但是，这个问题在发展中国家的农业中更为严重。发展中国家农业的普遍特征是缺乏信息、市场不完全。而对种植多年生作物（如可可和咖啡）的农民来说，因为栽种和第一次收成要相隔若干年，所以这个问题更为严重。市场波动也可以称为"价格不确定性"。

（3）社会不确定性

社会不确定性主要是指农民对资源控制权的差别所造成的不确定性。它也指一些农民家庭因为分成制或高利贷等因素造成对他人的依附和由此产生的生活无保障。这类不确定性出现于土地所有权不平等的农民社会中，并特别表现为一些农民能够使用土地，而另一些农民不能够使用土地的高度不确定性上。在我国农业家庭经营中，保障农户承包经营权的长久不变，在某种程度上便是为了防范农户可能面临的社会风险。

（4）国家行为与战争

农民遇到的不确定性来自气候、市场以及当地地主或债权人。一些国家的决策常常从此时到彼时、从一届政府到另一届政府会发生重大的变化。农民也经常被卷入战争中，有时作为战争的拥护者，但更多作为旁观者而受着战争双方的掠夺。这样的不确定性显然随着时间和空间的不同而有着很大的差别，但农业经济研究不能够完全忽视它们。这里提及的还有农民作为难民的无保障性，这一点的重要性正在全世界不断提高。农民难民在接纳他们的国家中，几乎享受不到任何社会和法律权益。

3. 风险对家庭农业经营的影响

大量的研究表明，农民是风险规避型的。农民的风险规避行为造成了许多农业现象，如农民耕地地块分布在不同的地形上，又如间作现象。这些现象提高了农民的粮食安全，但不会增加利润。换句话说，农民要在生计保障与经济效率之间作出权衡。另外，农民的风险规避行为有时会对农业发展带来不利的影响，如阻碍了农业创新措施的传播和采用，尽管这些创新能够提高农民家庭的产量和收入，这一点又与缺乏信息或信息不足的风险概念密切相关。农民对创新持怀疑态度，假设这种态度的主要来源是农民掌握的创新信息不完善，适合他们的农艺学信息太少。除此之外，还有其他如信贷成本高或者干脆没有信贷等因素，也是阻碍农民采用创新技术的重要原因。

（三）家庭经营行为的外部性

1. 农业外部性的内涵

外部性是指一个经济主体的行为对另外一个经济主体的福利产生的影响，但是，这种影响并没有通过货币或市场交易反映出来。或者说，外部性是指市场交易对交易双方之外的第三者所造成的影响，而造成影响和受到影响的行为人都不为这些影响付费。从外部性产生的效果来看，外部性主要包括两种类型——正外部性和负外部性。正外部性是指一个经济主体的经济活动致使其他经济主体获得额外经济利益，此时，社会收益大于私人收益。正外部性也称为"外部收益"或"外部经济"。负外部性是指一个经济主体的经济活动导致其他经济主体蒙受额外损失，此时，社会成本大于私人成本。负外部性也称为"外部成本"或"外部不经济"。

农业的外部性是指农业生产经营对社会造成的非市场化影响。农业的外部性也存在正外部性和负外部性。从正外部性来看，农业不仅具有生产功能，还具有生态和文化等功能，而农业的这种功能目前在大多数国家并未内化为农户收益。另外，如果农业生产经营不当，则农业也会表现出负外部性，如对土地可持续生产能力的破坏、农业污染等。

2. 家庭经营外部性的表现：以农药和化肥投入为例

农户家庭作为农业生产经营决策的主体，其经营的目标在于追求效用最大化，而农产品的产量直接决定了农民家庭的收入及其效用。因此，在家庭经营过程中，农户为了追求收益或迫于生计，往往追求单一的产量目标，过度投入外源物质，从而造成了农业家庭经营过程中的外部性。

农药在防治生物侵害、减少农业劳动投入等方面起到了积极作用，但与化肥一样，不适当的投入会造成严重的负外部性，甚至相对于化肥来说危害更大。近年来，许多国家纷纷出台规制措施，一方面是为淘汰中高毒农药，另一方面是为通过生物防治等方法对农药投入实施减量化行动。我国近年来也加强了对农药的管制，但在农药的总体施用强度方面，与生态农业发展的要求还存在一定差距。

3. 外部性的治理：以农药和化肥投入为例

家庭农业经营在保障我国粮食安全的同时也带来了一定的外部性，突出表现在对生态环境的影响方面。为了应对化学物质过量投入带来的负外部性，为了达成减量目标，我国充分借鉴了发达国家经验，并开展了多项举措。

第一，完善制度体系，制订具有约束力的化肥农药管理规则。对于农药的管理来说，国家虽然出台了《农药管理条例》等一系列规定，但规定的内容大多是基于生产层面的约束，对于农药的施用方面则缺乏细致的规定。从欧盟的经验来看，欧盟不仅有统一的规定，欧盟各国也都根据各自情况出台了相关规定，如德国的《肥料施用条例》，对肥料的施用作出了详细的约束性规定。因此，我国也可借鉴欧盟及德国等关于化肥农药约束制度的经验，制定肥料和农药管理规定，特别是对肥料和农药的施用层面出台相应约束规定，以完善的制度保障化肥和农药的减量化行动。

第二，建立农地营养平衡数据库，引入良好的农业作业规范。对现实的了解是治理的前提，我国目前虽然通过土壤监测、测土配方等措施对当前农地的化肥和农药投入状况有了基本的了解，但还缺乏细致的农地营养平衡数据库。特别是对于农户来说，施肥与用药政策体系主要以外部农技服务人员建议为主，农户相对被动。我国可借鉴欧盟相关国家的经验，将农户作为农地营养平衡状况信息的收集主体，既可实现对农地营养状况的动态掌握，又可激发农户的主体地位，促进农户的农药和化肥减量行为。除此之外，农业的良好作业规范是化肥和农药控制的基础，可以较为显性地对农户行为予以引导和约束。由于农业的外部性，加之政府对农业进行了较高的补贴力度，农户的生产作业行为并非农户个体之事。从欧盟及其他发达国家情况来看，良好的农业作业规范是农户必须遵守的基础要求。我国近年来开始提及农业的标准化，在微观农户的参与和执行层面与发达国家还存在较大的距离。实施良好农业作业规范，不仅是农药和化肥减量化的基础措施，也是促进农业生态价值功能实现的基础途径。

第三，创新化肥和农药施用模式，提高化肥和农药利用率。我国在化肥和农药的利用率方面与发达国家存在较大差距，如何提高利用率是降低化肥和农药投入并减少污染的主要途径。我国应通过技术创新和生产模式创新来发展精准农业，降低化肥农药的损失率。

第四，探索农业补贴的交叉承诺机制，规范农户化肥和农药投入。化肥和农药的减量关键在于农户行为的改善。根据欧盟经验，对不当行为进行征税往往不易操作，而补贴则是较好的"替代品"。我国在农业方面采取了越来越多的补贴，如农业综合补贴（农作物生产补贴、农机购置补贴、农业保险保费补贴、农业保险大灾风险保费补贴、农业组织化经营奖等），以及土地流转费用补贴、各类农业项目补贴等。

第五，加强培训与技术推广体系支撑，培育职业农民。培训一方面可以转变农户的认知和态度，使农民从根本上重视对化肥的管理；另一方面，精细的养分平衡管理，还需要一定的技能。目前我国农民的总体文化程度不高，对化肥和农药的认知还不充分。因此，为了保证化肥管理规定的实施，达到减量的目的，对农民的培训与技术支撑是十分必要的。另外，从长远来看，农户认知和技能提高主要依靠农民自身素质和职业水平的提高。在欧盟国家，农民要经过严格的教育认证，才能获得农场经营的职业资格，我国也应从长远层面考虑来培育职业农民。

四、我国农业中的家庭经营

（一）家庭承包经营制的产生

1.改革开放前的农业经营制度

中华人民共和国成立前，中国农村土地占有极不平衡，占农村人口 90% 左右的贫农、雇农和中农只拥有耕地的 20%~30%，不到农村人口 10% 的地主和富农却占有耕地的 70%~80%。1947 年 9 月，全国土地会议召开，制定了《中国土地法大纲》，在解放区开展了土地革命运动。中华人民共和国成立后，1950 年颁布了《中华人民共和国土地改革法》，在全国范围内开展了土地改革运动。经过土地改革运动，我国建立起了土地归农户所有与农户自由经营的农业经营体系。但是，这一农业经营制度持续不久，从 1953 年起，我国进入了农业合作化运动时期，1953 年中央作出《关于发展农业生产合作社的决议》，肯定了《关于农业生产互助合作的决议》，开始了由互助组到初级社再到高级社的运动，诱致性和强制性相结合的措施逐步将农地产权变"私有"为"公有"，在所有权被收回以及集体合作经营的情况下，农民不仅失去了农地所有权，同时也失去了自主经营权。1958 年，中央出台了《关于在农村建立人民公社问题的决议》，随后推进"政社合一"的管理体制，农地的权属进一步上升到公社层面。之后的灾荒促使 1962 年《农村人民公社工作条例（修正草案）》（俗称"农业六十条"）的出台，下放了基本核算单位，明确"以队为基础"的核算管理模式，即"生产队范围内的土地，都归生产队所有"[①]，但依然保持了农业的集体经营。

2. 逐步建立家庭联产承包责任制

1982 年，《全国农村工作会议纪要》指出，包产到户、包干到户都是社会主义集体经济[②]，从理论上对联产承包责任制予以认可，农业的家庭经营制度正式确立。需要说明的是，尽管中央肯定了农业家庭经营制度，但此时家庭经营还受到一定的限制和约束，如《全国农村工作会议纪要》规定，为了保证土地所有权和经营权的协调与统一，社员承包的土地必须依照合同规定，在集体统一计划安排下从事生产，并且社员承包的土地不准买卖、不准出租、不准转让、不准荒废，否则集体有权收回。

3. 稳定阶段

1984 年 1 月，中共中央确定土地承包期一般应在 15 年以上，生产周期长的和开发性的项目，如果树、林木、荒山、荒地等，承包期应当更长一些。并且，农户的经营权有了更大的自由，1985 年《关于进一步活跃农村经济的十项政策》规定，"任何单位都不得再向农民下达指令性生产计划"[③]。1991 年 11 月，十三届

---

① 中共中央委员会. 农村人民公社工作条例修正草案 [R/OL]（2018-8-13）[2022-9-16]. https://www.doc88.com/p-39229529307116.html.

② 中国共产党中央委员会. 全国农村工作会议纪要 [M]. 北京：人民出版社，1982.

③ 郑有贵，李成贵. 一号文件与中国农村改革 [M]. 合肥：安徽人民出版社，2008.

八中全会通过《中共中央关于进一步加强农业和农村工作的决定》，把以家庭联产承包为主的责任制和统分结合的双层经营体制作为乡村集体经济组织的一项基本制度长期稳定下来。1993 年 11 月，中共中央、国务院明确了以家庭联产承包为主的责任制和统分结合的双层经营体制是中国农村经济的一项基本制度，要长期稳定并不断完善；原定的耕地承包期到期后，再延长 30 年不变；开垦荒山、营造林地、治沙改土等开发性生产的项目承包期可以更长；提倡在承包期内稳定承包合同；允许土地使用权依法有偿转让；在尊重农民意愿的前提下可做必要调整，实行适度的规模经营。

4. 推进阶段

1998 年修订的《中华人民共和国土地管理法》中规定，土地使用权可以依法转让，把农地转让权上升到了法律高度予以保护。1998 年，十五届三中全会通过了《中共中央关于农业和农村工作若干重大问题的决定》，要求坚定不移地贯彻土地承包期再延长 30 年不变的政策，抓紧制定确保农村土地承包关系长期稳定的法律法规。1999 年，第九届全国人民代表大会第二次会议通过的《中华人民共和国宪法修正案》，规定农村集体经济组织实行以家庭承包经营为基础、统分结合的双层经营体制，从而将家庭联产承包责任制纳入国家根本大法。2002 年通过的《中华人民共和国农村土地承包法》规定，农村集体组织成员有权依法承包由本集体组织发包的农村土地，任何组织和个人不得剥夺和非法限制农村集体经济组织成员承包土地。这一时期一系列的法律规定的出台，保障了农业的家庭经营。

5. 新发展阶段

2005 年至今，国家在明确现行农村基本经营制度长期不变的条件下，探索实现土地适度规模经营的实现方式，以克服小规模农户分散生产经营造成的市场竞争力低下的弊病，为激活农业的家庭经营创造有利条件。2005 年 12 月，《中共中央、国务院关于推进社会主义新农村建设的若干意见》指出，要稳定和完善以家庭承包经营为基础、统分结合的双层经营体制，健全在依法、自愿、有偿基础上的土地承包经营权流转机制，有条件的地方可发展多种形式的适度规模经营。

2007 年出台的《中华人民共和国物权法》，将土地承包界定为用益物权，标志着中国农地物权制度正式确立，从而为农村基本经营制度的稳定进一步提供了有力的法律保障。2013 年十八届三中全会通过的《中共中央关于全面深化改革若干重大问题的决定》指出：坚持家庭经营在农业中的基础性地位，鼓励承包经营权在公开市场上向专业大户、家庭农场、农民合作社、农业企业流转，以发展多种形式的规模经营；并且，赋予了农民在家庭经营中更多的权益，如农地承包经营权抵押和担保权能等。

（二）我国农业家庭经营的特点

1. 农地的集体所有与相对均分

土地是农业经营的基础，尽管我国改革开放后确立了农业家庭经营的主体模式，但农地的所有权仍然属于集体。农户家庭拥有承包经营权，这是我国农业家庭经营体制的重要特征。另外，家庭联产承包责任制确立了我国农业家庭经营的土地均分模式，尽管其后逐步禁止农地的任意调整，采取了"增人不增地、减人不减地"的政策，但总体来看，我国农地的配置相对平等。并且，农地的集体所有使农民承包权不能交易，这也防止了农业家庭经营过程中土地的过度集中。我国农地制度安排尽管在一定程度上造成了我国农地经营的细碎化，每户的经营规模较小，但其适应了我国改革开放初期的农村社会现实。更重要的是，在我国农村社会保障体系不完善的条件下，相对固定的农地权属为农户提供了必要的生存和社会保障。

2. 统分结合的双层经营体制

"统分结合的双层经营体制"是我国农业家庭联产承包责任制的又一特征。集体在经营中的作用主要表现为土地发包，产前、产中和产后服务等，农户成为基本的生产经营单位。"统"和"分"是相互依存、相互促进、共同发展的关系。其中，集体经济组织是双层经营的主体，承包家庭经营是双层经营的基础，离开了其中任何一方，联产承包责任制都不能成立，双层经营体制就不会存在。可以这样说，如果家庭联产承包责任制离开了集体经济组织，离开了"统"的功能的发挥，家庭承包就失去了主体，家庭经营实质上就成为个体小农经济；如果离开了承包家的分散经营，农民的生产积极性就不能得以充分发挥，农业集体经济就失去了活力，集体经济的优越性也就不能得到发挥。

（三）家庭经营的完善方向

1. 推进合作发展，完善社会服务体系

小农联合和社会服务是促进农业家庭经营可持续发展的基础，探索我国农户的实质性互助合作和社会服务的高效实现，不仅是克服我国农业家庭经营细碎化的主要措施，也是降低农业生产成本、提高农业竞争力的有效途径。我国大力推进合作社的发展，但大部分合作社的服务功能还不强，下一步应着力解决合作社的规范性和带动性问题，使合作社真正成为为农服务的主体。另外，还应进一步探索农业社会化服务的具体形式。基于我国人多地少的现实情况，完全依靠农地流转实现家庭规模经营并不现实，在促进农地流转的同时还应从服务的规模化层面予以推进。

2. 实现小农户与大市场的衔接

农业产业的特性决定了农业是相对弱质的产业，比较收益较低。为了提高农业家庭经营收益，保障农产品供给，结合新近的发展理念，可以着力推进农业产业的"接二连三"，发展第六产业，通过家庭农业经营与第二产业、第三产业的结合增加农户收入。例如，大力发展"公司＋农户""公司＋合作社"的农业产业化经营，加强产地市场体系建设，支持发展直销、配送和电子商务等农产品流通业态，引领种养业品牌培育和产业升级，推进农业供给侧改革，让农民更多地分享产业链增值收益。

3. 培育职业农民，培养农业后继者

农民的职业化是现代农业的主要特征，但从目前情况来看，我国农民务农的意愿并不高，特别是"农二代"，这就造成了我国农业的老龄化现象突出。为了推进农业经营的职业化，一方面要让农民"有里子"，提高农业的农业经营收入；另一方面还要让农民"有面子"，通过现代生产手段和社会化服务措施，提高人

们对农业经营的认知和对农业职业的认同感。除此之外，还应建立农业经营的职业发展体系，完善农业职业的保障体系。另外，还需要吸引年轻人从事农业工作。农业老龄化是世界农业面临的难题。农业的发展需要更多年轻人的加入，可以以职业发展为切入点，通过教育体系、资助体系和保障体系的改革，吸引年轻人，特别是"农二代"从事农业经营。

4. 不断进行制度创新，持续加大对农业的支持

（1）要进行制度创新

中国改革开放四十多年来，农业取得的巨大成就离不开制度创新。为保障我国粮食安全，促进农业现代化发展，应在坚持农业家庭经营的基础上，进一步通过农业制度创新激活农业资源禀赋价值、促进资源合理配置、提高农业生产效率。

（2）建立稳定的农业投入与支持体系

农业不仅是一个经济产业，还具有较强的外部性。我国已到了工业反哺农业、城市支持农村的阶段，应持续加大对农业的支持力度。另外，为了克服农业家庭经营的外部性，促进农业的可持续发展，还应探索农业支持方式的创新，如将支持强度与农业良好作业规范相挂钩等。

五、家庭农场

家庭农场是农业生产经济单位的类型之一。几乎所有定义都明确规定，农场至少部分地由一名家庭成员所有、经营和管理；许多定义明确了所有者及其家庭贡献的劳动所占的最低比例；许多定义设定了农场面积或销售规模上限；有一些定义还设定了非农活动的家庭收入所占比例的上限。需要指出的是，国际上关于家庭农场的认知与我国推进的家庭农场经营模式内涵存在一定差异。在我国对家庭农场的认知中，更倾向于将家庭农场与小农经营相区分，在某种程度上包含了现代经营和适度规模经营的特征。例如，有学者认为，家庭农场是以家庭为基本经营单位，农户拥有生产资料的使用权或所有权，能够自主经营管理并具有一定规模的农业经营组织。这个定义不仅强调了家庭农场的家庭经营属性，还强调了规模化特征。

（一）家庭农场的特征

尽管我国大力推进家庭农场发展，但对家庭农场的具体条件并没有作出统一的规定。2013 年 3 月，农业部首次对全国家庭农场发展情况开展了统计研究，对于家庭农场应该具备的某些条件或达到的某些规模进行了规定：家庭农场的主要劳动力应该是家庭成员；家庭农场的主要收入应当是农业收入；家庭农场应当由具有农村户籍的经营者来进行经营；家庭农场要具有一定的经营规模，并且这个规模还要保持相对稳定。在我国，只有满足以上这些条件，才能够被称为家庭农场。

我国家庭农场的具体经营规模主要有以下这几个规定：如果家庭农场种植的主要是粮食作物，而且承包期或者租期在 5 年以上，根据熟制情况不同，则家庭农场的具体经营规模不同：在一年一熟地区，其土地经营面积要达 6.67 公顷；在一年两熟地区，这个家庭农场的具体经营规模应当达到 3.33 公顷。如果家庭农场种植的主要是经济作物，或者主要经营养殖业，抑或是种植业与养殖业相结合，则其规模标准必须要达到县级以上农业部门所确定的规模。

在 2014 年，关于家庭农场的发展，我国农业部出台了相关文件。农业部指出，在家庭农场的经营过程中，主要由家庭成员从事生产经营活动而不是雇佣工人，其经营者主要是农民或者在很长一段时间内一直从事农业生产活动的人员。大多数家庭农场的经营者往往都接受过农业相关的知识技能培训，且具有较高的经营水平和示范带动能力，生产出了很多商品和农产品。这些经营者不仅具有很高的经营管理能力和劳动生产能力，还能够带动其他家庭农场的发展，不断提高农民的收入，提高土地的资源利用率和产出率。

我国面积广阔、地势多变，各个地区的经济发展、地理优势和气候变化等都是不同的。在家庭农场的生产实践过程中，这些不同的地区对于家庭农场也进行了不同的定义，描绘出了家庭农场的不同特征。例如，上海市就曾经指出，家庭农场是一种新型的农业经济主体，其主要的劳动力是家庭成员，主要的收入来源是农业收入，其主要从事的是农业规模化、集约化、商品化生产经营。家庭农场的基本特征可以简要概括为 16 个字，即"家庭经营，规模适度，一业为主，集约生产"。家庭经营是指在家庭农场中从事生产经营活动的主要是家庭成员，一般情况下，大部分生产经营活动都由家庭成员完成，而只有在极个别少数的情况下才会雇佣外来劳动力来完成生产经营活动。规模适度是指根据经营者的劳动生产能力确定家庭农场的土地规模，土地不能过多，也不能过少。随着科技的发展，经营者的劳动生产能力将会进一步提高，家庭农场的土地规模也可以进一步扩大。一业为主是指农业收入是家庭的主要收入来源，农业是家庭成员的主要从事领域。集约生产是指在家庭农场生产经营活动中，当有财务收入和支出情况时，要有比较完整的记录；经营者还要接受农业技能的相关指导培训；相比于小规模、普通的农户，家庭农场的资源利用率、土地产出率和劳动生产率都相对较高；家庭农场的农业生产经营活动能够带动其他农户农业的发展，给他们起到示范作用。

（二）家庭农场、农业企业和普通农户的区别

家庭农场、农业企业和家庭农户三者有很多不同之处，要了解它们之间的区别，可以从这几点来分析：

第一，三者的农业用地情况不同。由于家庭农场和农业企业都具备一定的规模，其农业用地主要是租赁而来的。由于农业生产经营规模较小，普通农户主要是供给土地的一方。

第二，三者的农业生产经营活动收益情况不同。普通农户主要利用自有资本进行生产经营活动，将生产与消费相结合，使用生计成本衡量效率。农业企业的主要目的就是盈利，要依靠资本收益率衡量效益农业企业的生产经营活动依靠的是外投资本，而不是自有资本。家庭农场是自有资本和外投资本的结合体，相比普通农户，它的资本收益率更接近农业企业。

第三，普通农户主要依靠农户本身自有的劳动力进行生产劳动。农业企业并不依靠自由的劳动力，而主要是雇佣其他人员进行生产经营活动。家庭农场主要以自有劳动力承担农业生产经营活动为主，但也会出现雇佣劳动力和自有劳动力同时进行生产经营活动的情况。

第四，普通农户规模较小，主要进行生产性相关劳动；农业企业主要进行管理性劳动；家庭农场则是介于二者之间，根据经营的项目和规模的不同而变化，其主要的劳动性质是管理性劳动与生产性劳动相结合。

第五，普通农户主要使用农产品来维持日常生活和消费，家庭农场和农业企业生产的农产品的功能主要是盈利，获得收益。

通过上面这些叙述，我们可以知道，家庭农场的规模比较大，它生产的农产品主要是为了出售，获得利润，因此它比较注重农产品的品牌相关理念，同时在农业生产经营活动过程中也比较注重标准化的生产、经营和管理。家庭农场要想使农产品能够在市场上获得认可，就必须了解市场，搜集各种信息，明晰市场上的农产品供求关系，根据市场的需求对生产出的农产品进行营销，提高大众对它的认可度，提高农产品的市场竞争力。为了提高收益，家庭农场可以增加一些新的技术和设备，利用它们的优势来提高生产效率，同时生产出更具有高附加值的农产品。与普通农户相比，家庭农场的最根本特征就是它并不是为了维持生活或满足自身需求，其目的是市场交换，实现专业化的商品生产。与农业企业相比，家庭农场最根本的特征是主要依靠自由劳动和家庭劳动进行基本的生产经营活动。

（三）家庭农场的优势

经过了土地改革，我国农业主要实行的经营制度是家庭联产承包责任制，这种农业经营制度促进了农村的发展。但是，随着科技的发展和社会的进步，这种分散的农户经营制度已经不适应如今高速发展的社会，必须要改善缺陷、积极创新。因此，家庭农场经营体制开始逐渐被应用到我国的农业生产经营体制上来。目前，我国农业生产经营体制的基本形式就是：坚持家庭经营，在这个基础上，开展家庭农场经营体制。相比于其他农业组织形式，家庭农场主要具有以下五方面的优势：

第一，与普通农户经营相比，家庭农场具有一定的规模，能够刺激农业科技需求，借助一些科学技术进行农业生产经营活动。利用科学技术，家庭农场能够更好地获得收益，而且也有助于农业生产经验的积累和传递。

第二，近些年来，农村有很多年轻人不想种地，对土地并没有老一辈那样珍惜，家庭农场经营形式能够增强人们对土地的感情，增强土地与农民之间的联系，不仅能够保护耕地，还有助于保持耕地的可持续利用。

第三，分散的小农户往往不成规模，难以进行组织；家庭农场具有一定规模，能够激励农户之间进行合作，有利于组织化。在农业生产过程中，合作社是一个比较有效的组织形式，能够有效地实现农民的利益。2007年，《农民专业合作社法》诞生。但是，由于农民大部分实行小规模的生产方式，这种农业生产经营方式对农民之间的合作存在着阻碍作用，不利于农户之间的合作。无论他们是否加入合作社，这种小规模的生产经营模式都无法带给农民比较明显的经济效益。相比于普通农户，家庭农场规模较大，加入合作社，会给农户带来十分明显的收益，因此，家庭农场更倾向于农民之间的合作。合作社促进了家庭农场农户之间的组织化和集约化。通过合作社的经营方式，家庭农场也能够实现更加专业化的发展。

第四，目前，政府存在多项支农政策，但是，由于分散的经营方式难以具体执行，无法激起农民的积极性，而家庭农场的经营方式有利于支农政策的落实，促进了农业的发展。

第五，家庭农场的代代相传有利于传承农业文化，对于现代农业文化的发展有着重大意义。家庭农场承载着农业文化，现在种植业与养殖业一体化的循环，对于解决农村环境污染、垃圾处理问题和传承循环农业文化都有着十分重要的意义。

（四）家庭农场的培育

随着科技的发展和社会的进步，农业经营方式也在不断地变革，要跟上时代的发展，与国际接轨，要符合本地的实际情况与中国的整体国情，并且还要体现出现代农业的生态和高效。这样就必须要培育好家庭农场，要注意以下几个问题：

1. 家庭农场要注意经营规模的"度"

每一个家庭农场所处地区的生产力水平和经济发展等都是不同的，要根据各地的实际情况把握经营规模的"度"。对于农业生产来说，有了规模才能实现有效、高效的经营，但是，不要因此过于盲目地扩大生产经营规模。

目前，农业生产主要的两种生产经营模式就是家庭农场和农民专业合作社。南方地区家庭农场的粮食经营面积一般为 10~15 公顷，一些集体合作农场主要由农机服务队统一经营生产，其土地规模 30~50 公顷；与粮食相比，蔬菜的生产经营规模较小，一般的家庭农场经营规模为 1 公顷，园艺场的规模为 10~15 公顷。总体来说，家庭农场着重提高市场主体的素质，健全生产经营体制；农民专业合作社着重提高农业生产的组织化程度，促进其规范发展。

2. 家庭农场需要注意土地"流转"问题

如果农业生产发展不成规模，始终分散的生产经营，那么只能是短期的掠夺式经营，而无法更加长久地发展生产。因此，必须从根本入手，解决好土地流转问题。要发展家庭农场，就必须要注意土地的"流转"问题，这是家庭农场发展的基础。从更深的层次上来说，土地的"流转"问题归根结底就是土地"三权"之间的关系，即土地的"所有权""承包权""经营权"之间的关系，也就是土地"三权"的分离问题。针对土地的"三权"分离问题，要适时地寻找有效解决途径，不要过于包办干预，不能过度管理，当然也不能放任自由，而是要加强引导，规范土地"三权"之间的"流转"。具体来说，要规范土地"流转"问题，需要做到三点：一是要明确流转方式，当土地依照法律法规承包给某人之后，那么他可以按照法律规定对所承包的土地采取一系列流转措施，如转让、互换和出租等；二是要规范流转程序，当土地进行流转时，双方一定要签订合同或委托书，这样才能够规避不必要的问题，维护好双方的合法权益；三是要规范流转行为，无论土地流转到任何人手中都必须要遵守这三项原则，即不得改变土地的用途、不得改变土地的集体所有的性质、不得损害农民土地承包的权益。

3. 家庭农场需要注意政策"扶持"问题

家庭农场的生产经营活动要成规模、成体系、可持续发展，同时也要形成相应的政策体系。具体来说，主要有以下四方面内容：

第一，要出台农业发展政策，促进家庭农场的规模经营，鼓励土地流转承包，培育多元化的规模经营主体，如集体农场、家庭农场和合作社等，不断培养核心竞争力比较强的职业农民。

第二，要不断加强建设农业相关服务体系，进一步提升现代农业服务业水平，更好地为农业合作组织提供农业资料和知识技能培训，为农业合作组织提供全方位的社会化服务，实现农业生产组织的规范和农业的标准化生产等。

第三，为了解决农业生产规模经营过程中的资金问题，政府要建立投入增长政策，为农民提供各种贷款保险和农业保险，推行小额担保贷款，以解决农业生产规模经营初期融资难的问题。另外，可以仍按照农业用水、用电来征收水电费。农业生产规模经营所需的建筑设施用地可以按照乡镇企业用地来规划，也可以纳入用地规划等。

第四，随着科技的发展，与农业生产相关的科技越来越多，因此，在农业生产规模经营过程中必须引入科学技术，发挥它的主导作用，使它能够与农业规模生产经营相适应，同时还要利用科学技术培育好新一代的经营主体。

第二节　合作社经营

自 1844 年英国的"罗虚代尔公平先锋社"成立至今，合作经济组织已经走过了 170 多年的历史。农业合作社作为农业合作经济的主要组织形式，在当代农业和农村经济发展中发挥了重要作用。

一、农民合作社的概念

《中华人民共和国农民专业合作社法》明确指出，农民合作社是指在农村家庭承包经营基础上，同类农产品的生产经营者或者同类农产品的生产经营服务的提供者和利用者，自愿结合、实行民主管理的互助性经济组织。农民合作社以其成员为主要服务对象，提供农业生产资料的购买，农产品的销售、加工、储藏、运输，以及与农业生产经营相关的技术和信息等服务。

（一）农民合作社是以农民为主体的专业性合作经济组织

法律规定，农民合作社成员应以农民为主体，农民成员不得少于 80%，除农民以外，其他与农民合作社有直接相关业务生产经营活动的社会团体、事业单位以及企业等等可以申请加入，但是，具有管理公共事务职能的单位无法加入农民合作社。另外，关于与农民合作社业务直接相关的生产经营活动的部分可以加入农民合作社，法律也做了相应规定，即只有与农业合作社生产的同类产品或者提供同类生产经营服务的人才可以加入。

（二）自愿联合、民主参与的自治性合作经济组织

农民合作社为成员提供民主、平等、公平和自主参与组织管理的机会，是一个社员民主选举、民主决策、民主管理和民主监督的组织，所有重大方针和重大事项都必须由成员共同参与制订，成员享有平等的选举权，任何单位、个人不得干预合作社内部事务，不得侵犯合作社及其成员权益。县级以上人民政府的农业行政主管部门和其他有关部门及组织，只能依法对合作社建设发展给予指导、扶持和服务。

（三）合作互助的对内服务性合作经济组织

《中华人民共和国农民专业合作社法》明确规定，农民合作社应以其成员为主要服务对象，提供农业生产资料的购买、农产品的销售、加工、运输和储存，以及与农业生产经营有关的技术和信息等服务；农民合作社必须以服务成员为宗旨，谋求全体成员的共同利益。所有这些法律规定都充分说明了农民专业合作社不同于其他组织的典型特征是对内服务性，农民合作社在互助的基础上为成员提供服务，谋求全体成员的共同利益。不同于股份制企业，农民合作社同时又是为成员之间相互合作、相互补充和相互服务提供媒介的互助性合作经济组织。

（四）对外追求利润最大化、对内强调非营利的合作经济组织

农民合作社是劳动者的联合，区别于以资本联合为主的普通企业。法律规定，农民专业合作社依法律登记取得法人资格，对成员出资、公积金、国家财政直接补助、他人捐赠以及其他合法取得的资产所形成的财产，享有占有、使用和处分的权利，并以上述财产对债务承担责任，成员以其账户内记载的出资额和所享有的公积金份额为限承担责任，农民合作社经营所得盈余要按照成员与合作社的交易量（额）比例返还给成员。因此，农民合作社作为独立的企业对外要谋求利润最大化，作为合作经济组织对内以服务成员为宗旨。

二、农民合作社组建原则

组建农民专业合作社应遵循以下原则：

第一，成员以农民为主体。农民合作社，无论是从名字上看，还是从功能上来看，其主要成员都应是农民。在农民合作社中，农民占据主体地位，应当至少为总人数的80%。如果农民合作社的总人数不足20人，可以有一个事业单位、企业以及社会团体成员。如果农民合作社的总人数超过了20人，事业单位、企业以及社会团体成员的人数就可以达到5%。

第二，农民专业合作社并不采取强制的原则，而是凭着自愿的原则，农民专

业合作社内的成员无论入社还是退社都是自由的。

第三，农民专业合作社为合作社内的成员服务，其存在的目的就是为全体成员谋求利益。

第四，农民专业合作社实行的是民主管理原则，社内的每一个成员都是平等的，不存在谁比谁地位更高的情况。农民专业合作社内部的成员依法享有选举权、被选举权和表决权。

第五，在农民专业合作社内部，其盈余返还有一定的规则，主要按照合作社内部成员与合作社的交易量按比例返还。通过成员表决会议或者章程规定，合作社还可以从盈余中抽取一部分公积金，这部分公积金的用途主要是转为成员出资或者扩大生产经营、弥补亏损。在完成这部分操作之后，剩下的盈余才是当年的可分配盈余。在盈余返还过程中，返还的总额不能低于可分配盈余的60%。另外，可分配盈余按比例分配给农民专业合作社成员之后，还要依据他人捐赠、国家财政补助的财产量以及社内成员账户的公积金份额、出资额，针对社内的每一个成员平均量化，算出每一个成员的量化份额，继续对社内成员按比例分配。

三、农民合作社设立程序

第一，最开始要进行筹备发起工作，选好筹备发起人，建立筹备委员会，确定之后的筹备方案，筹备发起人要负责拟定农民合作社的名字，确定合作社的业务范围，之后还要根据具体的准备情况发起申请书。

第二，要确定好农民合作社的相关章程，使一切能够有章可循，按照规定办事。农民合作社章程的内容主要包含合作社的住址范围与名称、合作社的业务范围、合作社的入社、退社相关流程、合作社成员的出资额度与出资方式，合作社成员的权利与义务等。

第三，农民合作社的组织运行应该合乎规范，要确定其管理机构和监督机构的成员候选人名单，要尽可能吸纳更多的农民加入。

第四，召开全体设立人大会，呈请当地合作组织主管部门派人员出席指导，通知会员参加成立大会。

第五，组建工作机制：召开工作会议，成立合作社办事机构；聘任办事机构业务部门负责人；召开业务会议，布置开展合作社业务工作。

第六，登记和注册。

四、农民合作社的发展

实践证明，农民专业合作社是增加农民收入、促进规模经营、提高农民组织化程度、推动地方经济发展的重要载体。加强农民专业合作社的发展，应从以下几方面做好相关工作：

（一）加强农民合作社发展的宣传工作

在政府相关部门、农民、涉农企业进行全面宣传，让其洞悉农民合作社专业的组织管理制度、民主议事决策制度、财务制度、盈余分配制度；各级主管部门要为合作社的设立登记提供方便；同时，让合作社成员了解国家相关扶持政策和政府责任，并积极落实相关项目扶持、财政补助、金融支持、税收优惠政策，促进农民专业合作社快速规范发展。

（二）积极开展对农民合作社的帮扶工作

继续加大财政对农民合作社的扶持力度，加强项目立项扶持，积极开展农民专业合作社会计培训辅导工作；持续开展新型职业农民、社长、种植养殖大户、经纪人、农业技术推广人员的培训，增强农民专业合作社的经营服务能力。

（三）规范内部管理，提高农民专业合作社管理水平

要规范合作社成员身份认定、数量、结构、出资、退社及权利享有，保障成员合法权益；规范章程及议事制度、监事制度，规范财务管理制度、社务公开制度，规范公积金的提取和使用，完善利益分配机制，建立有效的内部激励机制，不断提高农民合作社的决策效率，促进生产专业化，提高市场竞争能力。

（四）拓展农民专业合作社服务能力

合作社能够减少农产品交易的不确定性，有助于减少农产品和农业专有资产的损失，也有助于节省交易成本、发挥协作优势，为农户提供最直接、最具体的服务。正是其载体和服务功能，使得农民专业合作社成为农业社会化服务体系中不可取代的重要组成部分。农民合作社只有不断地提高服务能力，才能吸引更多的农户自愿加入，农户强烈的愿望是农民专业合作社发展的根本动力。

第四章 现代农业发展模式

当代农业发展模式能够调动农民的积极性，引导农民走向共同富裕的发展之路。本章为当代农业发展模式的介绍，分别介绍了生态循环农业、观光休闲农业、设施农业，以及标准化农业、精准农业与信息化农业。

第一节　生态循环农业

循环农业是指为实现节约能源和提高收益的目标，在农作系统中通过对农业资源进行往复多层、高效率流动的利用，最终实现农业可持续发展的一种农业发展模式。通俗来说就是，循环农业是指通过一定的技术，将废弃物循环再生，实现物质的多层次利用，最终提高物质利用效率的一种农业生产方式。循环农业对保护环境有利，能够产生良好的社会经济效益和生态效益。循环农业的发展需要不断的资金投入，研发新技术使之成为充满活力的系统工程，从而更好地实现资源循环利用，实现农业的可持续发展。

一、生态循环农业的内涵

（一）生态循环农业的概念

生态循环农业，简称"生态农业"，是依据生态学和经济学的一些理论，利用新科技和先进的管理手段，结合传统农业积累的经验而建立的现代化农业生产。它可以获得比传统农业更好的经济效益、社会效益和生态效益。总之，它是在生态条件较好的情况下进行的高产量、优质高效的农业生产或发展模式。它需要将粮食和各种经济作物生产结合起来，进行大田种植，并与农、林、牧、渔、副业相结合；大力发展大农业，将农业与第二产业和第三产业相结合；将传统农业的精华与现代科技成果相结合，通过对生态工程的人工设计、协调发展和环境的关系、资源利用和保护的冲突等进行研究，最终实现生态和经济两方面的良性循环发展，使得整个农业生产走上可持续发展的轨道，使人们梦寐以求的"青山、绿水、蓝天""所产均为绿色食品"成为现实。

生态农业为破解食品安全问题奠定了基础，与人们的生命健康息息相关，是实现农业现代化的一个重要标准和发展方向，是资源节约利用的必由之路和重要平台，更是实现对农业生态环境进行保护和可持续发展的必然途径。大力发展生态农业，可以改善农村的生活卫生和环境，降低农药化肥对环境的污染，较好地维护森林植被，缓解人类对大气造成的污染，促进农业的发展，带领农民增加收入，给社会带来高品质的绿色食品。

（二）特点

1. 综合性

生态农业注重农业生态系统整体功能的开发，以大农业为出发点，按照"整体、协调、循环、再生"方针进行综合规划，对农业结构进行调整优化，使农、林、牧、副、渔并重，以促进农村第一产业、第二产业和第三产业的全面发展，并且使得各业相互支持、互为补充，增强综合生产能力。

2. 多样性

我国的基本国情是幅员辽阔、各区域的自然条件和资源基础，以及经济和社会发展水平相差悬殊。针对这样的情况，生态农业充分汲取中国传统农业的生产精髓，与新的科学技术相结合，在各种生态模式下，利用生态工程和丰富多样的技术为农业生产提供服务，让每个地区做到根据实际条件因地制宜，发挥自身优势，使各个行业都能实现根据社会的需求和地方的实际情况做到协调发展。

3. 高效性

生态农业是通过物质的循环，以及能量的多层次综合化利用和深加工，达到经济增值的目的，并变废弃物为资源，降低生产成本，提高农业效益，给广大的农村剩余劳动力提供更多农业内部的就业机会，以此提高农民生产和生活的积极性。

4. 持续性

发展生态农业可以保护和改善生态环境，控制污染，保持生态平衡，增强农产品的安全性，一手抓环境建设，另一手抓经济建设，使得农业农村经济的发展呈现出可持续化特征，尽可能为群众提供种类更丰富、品质更高的农产品，同时保持生态系统的稳定性和持续性，使农业发展后劲儿更足。

（三）生态循环农业的重点

1.突出"绿色"，调整结构

我国对农业结构进行的战略性调整取得了显著效果，未来应着力优化调整，突出绿色食品开发、生产无公害食品和有机食品等，还应重视保护水土和节约资源。

2.保护耕地，提升质量

要加大对秸秆综合利用的扶持力度，推广保护性的耕作技术，达到种地和养地相结合的目的，强化耕地质量工程建设，大力发展生态农业，推广生物防治。有关企业应加强新技术的研究，制造出低残留农药及可分解塑料薄膜。同时，应提倡喷灌和滴灌，大力发展节水农业。

3.项目带动，企业参与

农村在大力发展农产品加工业等产业时，应该提前做好防污、保护环境的安排，做到污染物的达标排放。

4.发展沼气，有效转化

近几年，各地都把户用沼气工程作为主攻方向，与农村改圈、改厕、改厨相结合，积极推广"猪—沼—菜（粮—果—渔）"良性循环生态模式，实现生产生活废弃物的再利用，减少污染排放，改善环境质量，促进了生态农业的发展。同时，通过开展秸秆、畜禽粪便等废弃物再利用的推广工作和推广测土配方施肥等生态循环生产方式，也改善了农产品质量，实现了资源节约以及循环农业和技术、经济、环保之间的互相扶持，实现了良性循环。

5.优化布局，整体规划

发展循环农业，必须先制订一个发展规划，要做好充分的调查，并在此基础上进行取舍。要在省、市、县（市、区）、乡、村分别有重点地制订循环农业发展计划，做到有计划、有步骤地扎实开展工作。尤其应强调，针对不同地区、不同水平的农业生产现状，结合实际需要，建立合适的循环模式，并且根据不同模型的具体优点实施布局配置和结构调整。要延伸产业链以保证循环农业模式下各种流通量和界面之间的互相匹配和协调运作，推动循环农业健康、安全、有序的生产。

6. 正确引导，有序推动

循环农业的建设关系到经济的可持续发展，所以应该有政策的指引。因为循环农业发展涉及种植、养殖和加工等多个行业，所以应建立多部门联动机制势在必行，要加强多元扶持，增加政府投资，确保它的可持续发展。

二、生态循环农业的典型模式

（一）北方"四位一体"生态农业模式

这是一种集庭院经济和生态农业为一体的新型生产模式。该模式立足于土地资源，利用太阳能驱动，以沼气作纽带，种植业与养殖业结合，通过生物质能转换技术，以农民为单位，在全封闭状态下将沼气池、猪禽舍、厕所与日光温室结合，故称之为"四位一体"模式。具体做法是：先建立 1 个塑膜日光温室，面积为 150 平方米，在其旁边地下挖一个 8~10 立方米的沼气池，沼气池上方可建猪舍 1 间（面积大概是 20 平方米）、厕所 1 间，构成一个封闭状态的能源生态系统。

（二）南方"猪—沼—果"生态农业模式

这是一种用沼气作纽带，连接畜牧业、林果业等农业产业协同发展的生态农业模式。主要表现形式：每家每户建沼气池 1 口，平均每人每年养猪 2 头，人均种 667 平方米水果。

1. 猪—沼—菜模式

每户建一口面积为 6~8 平方米的沼气池，养猪 2 头以上，另外有 1 亩（667平方米）左右的土地用来露天种菜。产生的猪粪扔进沼气池，产生的沼肥做菜地的底肥，沼液可在追肥时使用，并可用沼液喷淋叶面的方法抑制病虫害。除此之外，还可以采用"猪—沼—大棚蔬菜"的方式：一个 0.8 亩的塑料大棚，可配建一个 8 立方米的沼气池，沼气池上方建猪圈，可养猪 3~5 头。产生的沼气可以做饭，也可以给大棚内提供照明和加热；沼渣直接埋入土中做底肥，沼液通过管道作为追肥使用。在种植过程中，基本上用不到化肥和农药，不仅产量能够得到提高，且出产的农作物品质更高。猪舍沼气池是建在日光温室内的，良好的环境有利于猪的生长发育，并节约饲料，提高了养猪的经济效益。

2. 猪—沼—果（鱼）模式

每家每户建 1 口沼气池，每年养猪 3~5 头，种植果树 667~1334 平方米，沼渣和沼液可作为给果树追肥的速效有机肥，这种追肥方式可使果品提高 1~2 个等级，增加 15% 以上的产量，同时使种植成本降低 40%。还可以采取"猪—沼—鱼"的模式，这种模式多由养鱼户开发，将人畜粪便放入池内发酵，饲喂鱼类，沼渣作为池塘基肥，沼液作为追肥，这样可使饵料成本下降，降低鱼塘化肥的施用量，防治鱼类疾病。

（三）西北"五配套"生态农业模式

西北地区干旱缺水，为了解决这个问题，促进农业生产，提高农民收入，可实行"五配套"的解决方案。"五配套"指的是，每家每户建一个沼气池、果园、暖圈、蓄水窖和一个看营房；推行人厕、沼气、猪圈三配套，圈下建有沼气池，池上的养殖除了养猪以外，圈的上一层也可放笼养鸡，形成鸡粪喂猪、猪粪池产气的立体养殖方式，经营系统多样。其特征是用沼气作纽带，在一定的土地上，形成了以农业带动牧业，以牧促沼、以沼促果的良性循环，最终实现果业和牧业的共同发展。

（四）"生物链"模式

这种模式的具体做法为，建成 8~10 平方米的沼气池 1 口，可养鸡 100 只，养猪 3~5 头，养殖鱼类 2000 平方米水面，种植农田 3333 平方米。利用沼气将养殖和种植结合起来，使三者形成一个封闭的生物链循环系统。具体形式如下：用农作物作为饲料养鸡或喂猪，将粪便送入沼气池。沼气池产生的沼液和沼渣可以作为饲料喂鱼，也可以与鱼塘中的塘泥一起作为肥料使用。该模式以多业并举、优势互补为突出特点。

（五）"种—养—加"模式

这种模式更加适合从事做豆腐、磨粉等传统农产品加工的农户使用。将加工残留的豆渣、粉渣等用来喂猪，猪粪送入沼气池中，沼肥在无公害水稻和蔬菜的种植中使用，也可用沼气烧饭或将沼气作为加工和照明的能源。**三、推进生态循环农业建设**

（一）加强农业资源保护

必须根据农业环境的特点和自然规律来做事，因地制宜，做到农业、林业、牧业、渔业多样化发展和经营。对耕地，尤其是基本农田，要依法从严保护。另外，还要做好森林、湿地和其他农业资源的保护。针对不同类型的农产品，要设立农业保护区，保护名、特、优、新农产品以及稀有、濒危的农业生物物种。另外，还可以通过建立农产品基底、颁发农业环境和质量标志的举措，探索、落实提高耕地质量、建立农业生态环境的动态评价体系。还要开展"清洁土壤"工作，对主要的农产品生产基地阶段性地进行土壤环境质量检测；加强环境保护执法的力度，对农业生态环境的违法违规行为进行坚决查处；根据"谁污染、谁治理"的管理原则，找到相关的责任人，履行污染土壤治理职责。同时，要组织一些试点开展污染土壤治理工作，并逐步加强治理力度。要密切关注和控制外来物种的入侵，防止生物灾害和森林火灾，加大野生动植物的保护力度，实施渔业增殖放流措施，维护生物多样性。

（二）优化农业产业结构布局

要充分利用本地自然资源，在此基础上挖掘农业功能，依照优化产业结构、产业间融合发展、产出高效的要求，对农业结构进行有效调整，对种植业、养殖业和畜禽粪回收处理中心、废弃物再利用企业进行合理规划，以实现资源循环利用。可以将农业和畜牧业合理结合，实现生态畜牧业的发展，积极引导养殖业向着生态化的方向发展。

（三）防治农业环境污染

这是指预防和治理工业（含乡镇工业）的废水、废气、废渣、粉尘、城镇垃圾，以及农药、化肥、农膜、植物生长激素等农用化学物质等对农业环境的污染和危害。这是保障农业环境质量，保护和改善农业环境，促进农业和农村经济发展的重要措施，也是农业现代化建设的一项任务。

（四）大力推广生态循环农业技术

这是一个实现应用优良品种的广泛种植，实行种植与养殖结合、粮食与经济作物结合、农机农艺结合的模式，以及实行农作物的套作、轮作等新型的农业种植模式。要探索生态养殖发展模式，如稻田养鱼、浅海贝藻类养殖等；加大无公害农产品的推广种植力度，加强对绿色食品、有机农产品、森林食品等的认证和种植基地的认定，加快农业操作规范（GAP）制订的步伐，对产出的农产品建立产地、质量等一系列追溯工作制度，保护好农产品地理标志；加大节约型农业技术的研发力度，鼓励采用测土配方施肥、肥水一体化灌溉等技术，并实行对病虫害的绿色防治，在农业生产中鼓励采用有机肥和新型农药，以实现绿色生态农业的发展；引导养殖户科学使用兽药，科学添加动物饲料和饲料添加剂，鼓励使用环保饲料，促进养殖业清洁化、健康化发展。

（五）改造提升农业设施

要加快推进建设高标准农田，通过培肥地力、建设先进的农田水利设施等手段，提高农田质量，提升作物产量；鼓励设施农业的建设，进一步完善对钢管大棚等设施的补贴机制；积极开展农业机械化，利用财政补贴手段，鼓励农户购置低耗高效的新型农机，淘汰报废高耗能低效率的旧农机，以实现农业机械化水平的提升。

（六）深入推进农业废弃物资源化利用

要鼓励农业废弃物的循环利用，采用"资源—产品—废弃物—再生资源"的资源循环利用模式，对农业废弃物进行再生使用；大力推进设施和服务体系建设，助力农业废弃物的循环利用；加大对农业废弃物和农业副产品价值的挖掘力度，如利用畜禽排泄物生产商品有机肥，利用农业秸秆研发新型的肥料饲料和燃料，利用农产品的下脚料研发新型的生物饲料、生物原料等，使这些传统的废弃物产生新的使用价值和经济价值；结合"千村示范万村整治工程"，将农村的污水、废弃物等做沼气净化处理，在利用沼气照明、做饭的同时，充分利用沼液、沼渣作为农业肥料；对农业生产中使用的农膜和包装物等进行回收，实现再利用。

（七）加大示范引导力度

在全国范围内建立一批生态循环农业示范项目、示范企业、示范区和示范县，实现点、线、面的全面结合，以这些示范单位为中心，带动周边生态循环农业发展。政府部门要做好统筹规划，鼓励和引导农村种植户、养殖户、合作社等主体和企业，在小单位内率先实现种养结合、废弃物循环利用，实现主体小循环；加快建设现代农业园区，实现资源和合理布局，在大范围内做好生态循环农业发展示范，逐步发展到以县域为单位、统筹农业生产布局、建设相应的配套设施、实现县域的生态农业产业大循环。

总而言之，想要做好生态农业建设，首先，要注意吸收传统农业生产中适合生态农业生产的经验，如合理轮作、有机肥做底肥、横坡打垄、修建水平横田等。这些措施是农业生产中长期积累的经验，是农民乐于接受的。其次，要加大对生态农业先进技术的研究和推广，如毒性低的生物农药、可降解的农膜、节水灌溉技术、秸秆还田技术等。只有将传统技术和先进技术结合起来，生态农业建设才能取得更好的效果。

第二节 休闲观光农业

随着我国城市化进程的加快，越来越多的城市市民渴望回归自然、亲近自然，在闲暇之余选择到郊外游玩。在这样的背景下，适应城市人群生活和消费方式的休闲观光农业应运而生。观光农业发展到现在，已经形成了多种经营模式，如传统休闲观光农业、都市型休闲观光农业、科技型休闲观光农业、奇异型休闲观光农业等。

一、休闲观光农业的定义

休闲观光农业，顾名思义，就是指以农业和农村为依托，让人们在轻松、愉快的氛围中体验农村生活的经营业态，一般会利用农村自然的田园景观、生态环境，并进行合理的规划和设计，结合农业生产、农村文化、农家生活，让游客全面体验农村生活，为游客提供全方位的旅游观光体验。它是生产、生活和生态三位一体的产业发展模式，是传统农业与休闲旅游业结合共生的一种发展农村经济的新业态。

休闲观光农业充分利用田园风光、山海资源优势，推进水、土、田、林、路综合治理，改善农业生产条件，扩大农业产业基地规模；在此基础上，延伸开发农业的生产功能、配套服务设施，与休闲观光融为一体；聚集农业的新品种、新设施、新技术，发展参观游览、采摘体验、科普教育、成果展示等休闲观光项目，使农业高科技发展与休闲观光农业紧密结合，提升休闲农业品位。

二、休闲观光农业的类型

休闲观光农业首先是一种旅游活动，将农业生产与休闲观光旅行相结合，具有多种的形式和类型，主要有以下类型：

（一）休闲采摘型

这种休息观光类型在基本的农业项目上，增加了新型的、适合采摘的项目，如，葡萄、草莓、杨梅、小番茄、白枇杷、香菇等采摘和种植基地。

（二）农业观光型

观光农业是最基本也是最普遍的一种类型，是以当地自然景观和农业特色为基础，如粮食基地、林带、沿山沿河景观等，开发和建设起来的，包括观光农业、观光林业、观光渔业、观光新农村旅游。例如，万亩粮食基地以高标准的路、沟、渠基础设施建设和大规模的作物种植为基础，营造了"绿色过冬""金色田野"等优美的田间风景画面。

（三）古村风情型

这种休闲观光农业类型主要是利用保留下来的古建筑，并挖掘本地区独特的历史文化，通过对传统节庆的宣传，打造旅游新形式，将古村落观光游、亲身参与民俗文化、传统节日庆祝、居住体验生活等方式融为一体。

（四）休闲娱乐型

这种休闲观光农业类型主要是对现有资源进行全局把握，将农业生产、农产品消费和观光休闲紧密结合起来，打造一个系统性的，一体化的，集观光、餐饮、商业、娱乐与一体的多元化的旅游农庄。

（五）科技体验型

这是一种集农业生产和农业科技科普为一体的新型体验方式。意思就是，在观光活动中，加入农业科普知识的讲解。这种休闲观光类型的主要形式包括：蔬菜瓜果的新技术示范区、先进的动物养殖基地、有别于传统的花卉种植、盆景设计等。

三、发展休闲观光农业的益处

第一，能够做到重新开发利用现有农业资源，有利于调整农业产业结构。农业和旅游业结合的"农游合一"模式可提高经济效益。

第二，能够做到增加农产品的销路和销量，带动周边农业的发展，发展高效农业；能够提供更多的岗位，有利于增加农民收入。

第三，能够改善和保护农村生态环境，塑造农业农村新风貌，利用生态环境优势吸引城市人群，使其获得身心健康发展。

第四，能够吸引游客主动了解农业生产活动，感受农村生活，放松身心；同时，还能做到农业基本知识的普及，促进城市和乡村文化沟通。

第五，能够开拓出全新的空间，通过"农业"这个大环境，为游客带来新鲜体验；同时，能够减轻其他地区的假期人满为患的压力，帮助疏解假期的旅游人群。

四、发展休闲观光农业的具体做法

目前，休闲观光农业将农业资源开发、农村文化弘扬与现代经营理念有机结合，产生了良好的经济效益、社会效益和生态效益，成为工商企业、民间资本投资开发农业的重要载体，多元投资机制逐步成熟。但是，也存在着一些难题，主要是定位很不清晰。一是把休闲观光农业视作都市休闲生活的再延伸，片面追求住宿、餐饮业，没有把发展农业生产纳入休闲观光农业的主要组成部分。二是偏离农业特色，向纯粹的旅游观光业靠拢，忽视了休闲观光农业的最大特色。三是规划不够科学。现在，乡村的观光旅游主要是以当地的村民自发开展为主，并没有整体的规划，也未经过科学论证，随意性比较大，导致具有布局不够合理、项目设计类似、功能和配套尚不完善、经营简单粗放等缺陷，有着较大的无序性和盲目性。四是档次和品位相对较低，大部分的观光区设备简单，游乐项目少，缺乏知名度，没有形成社会影响力。五是管理不够规范，如观光旅游的餐饮管理、配套设施的安全性、住宿管理、道路建设等，都需要加强制度规范和监管力度。所以，发展观光农业还应从以下几方面引起注意：

（一）因地制宜，科学规划

因为每个地区都有不同的自然地理环境，产业发展也各具特色。所以，在制订发展规划的时候，要根据"因地制宜、突出特色、合理布局、和谐发展"原则进行。当对土地进行合理的开发利用时，特别要做到保护耕地。要做好区域的功能和形态定位，不要盲目跟风，避免刻意追求高档，避免与其他观光景区雷同，更要避免为了经济效益"毁农造景"。在制订规划时，要以"有序发展、相对集中、规模开发"为原则，还要参考土地利用总体规划、新农村建设规划和农业发展规划等，与这些大方向的规划做好衔接，确保休闲观光农业规划具有一定的整体性和前瞻性。与此同时，还要结合本地特色的乡村民居、风俗人情和自然景观等资源，把农业生产、生活与生态结合起来，依靠具有本地特色的农业发展旅游项目，取得良好的经济效益和环境效益，实现人和自然的全面和谐发展。

（二）注重特色，农旅结合

当制订休闲观光农业规划时，还要考虑如何促进农业发展，如何增加农民收入。一个重要原则就是，将农业当作基础，将农民当作主体，突出当地农村特色。当规划项目时，要重点突出吃农家饭、住农家屋、干农家活儿、享农家乐等，体验农村生活的场景；要发挥农村养殖、种植和栽培的优势，发展一批高效生态农业，建立示范区域，满足游客求新、求异、求奇的心理需求。休闲观光农业从本质是来说，是农业、农村和农民生活的延伸，同时又是一种全新的旅游空间，在突出"三农"特色的同时，也要重视游客的体验感。突出项目的休闲性、参与性和娱乐性，能够吸引游客参与农家乐之中，满足不同层次消费人群的消费和体验需求。

（三）加强管理，规范发展

服务是休闲观光农业的核心，安全是休闲观光农业的保障。因此，必须要做好内部管理的规范化，才能提高服务质量，为游客提供安全的旅游场所。要通过制订行业管理的标准和规范化的服务办法，来保证游客的安全和健康。要做好对从业人员的培训管理工作，因为从业人员以当地村民为主，综合素质和服务水准不高，所以要加强服务意识、食品卫生、安全管理、诚信、生命安全教育等方面的培训。要组建相关的行业协会，如休闲观光农业行业协会、农业合作社等服务组织，通过行业自律实现自我管理、自我约束、自我发展。同时，相应的主管部门要加强监督检查和指导，做好定期的检查工作，及时发现和解决风险，切实解决实际困难，打造一批有特色、有规模、有影响力的休闲观光农业项目。

（四）优化环境，联动协作

休闲观光农业是符合时代发展和人们需求的，同时也是一个极具系统性的项目，要想发展得更好，需要多个部门联动协作，积极地配合。

第一，资金方面的保障。政府财政部门可以将其列入年度财务预算，并可以划拨专项资金给一些有发展前景、需要重点扶持的休闲观光农业项目。与此同时，政府部门还应该牵头鼓励一些民间资本参与进来，进行投资开发，形成"政府扶持、业主为主、社会参与"的建设机制。

第二，金融部门要提供金融信贷的支持，适当地放宽对休闲观光农业项目的抵押担保条件，简化贷款办理和审批手续，给予贷款利率上的优惠，放宽还款时限。

第三，农业部门要探索新的土地流转机制，鼓励农民"自愿、依法、有偿"地将土地通过转让、出租和入股等形式出让出去，形成规模化的土地经营模式。

第四，国土部门要积极地开发废弃的林地和荒山等，提升土地利用效率，对休闲观光农业管理配套设施用地实行政策上的支持。另外，其他部门也要积极提供支持，为休闲观光农业发展创造条件。

（五）加强领导，强化宣传

农业农村要积极落实科学发展观，走出一条创新之路，做好社会主义新农村建设。要想实现农村增收，发展休闲观光农业是非常重要且有效的途径。因此，各级政府部门一定要从思想上重视起来，达成共识，形成联合管理的机制，加大宣传和扶持力度，扩大休闲观光农业的影响力。与此同时，新闻媒体可以选择一些典型先进案例进行报道，提供模式上的参考；发挥舆论的导向作用，在全社会形成一种休闲观光农业发展的氛围和潮流。农业观光园区可以多举办庆祝节日的活动，并通过平台宣传，展示出本地区观光农业的风采风貌，提高影响力。重点进行整体规划宣传，通过打造一些精品，打出品牌，最终实现休闲观光农业的规模化、有序化和持续化发展。

综上所述，休闲观光农业规划是一个长久战，发展休闲观光农业，有利于优化农业产业结构，拓展观光农业市场发展空间，促进农旅互动发展，加快农民增收致富，推动社会主义新农村建设。它总体上是符合我国现代农业发展要求的，发展前景是光明的。

第三节　设施农业

设施农业是指利用先进的技术和手段，通过建设农业基本设施，为植物生长和动物养殖人为提供可调节、可控制、更适合的环境和条件，充分利用现有的光、热、土地资源，帮助植物和动物达到最好的生长状态，提高产量和经济效益。设施农业还可以提高农业生产的工业化和周年化程度，保证农产品的四季供应，促进农业生产的现代化和规模化。

设施农业又称为"工厂化农业"，主要是为集约化的种植和养殖业提供相应的设备，帮助搭建适合种植和养殖的环境，并进行环境控制，提供与其配套的技术和设施。

一、设施农业的概述

（一）设施农业的概念、重点研究方向与发展趋势

1.设施农业的概念

设施农业是在不适宜生物生长发育的环境条件下，通过建立结构设施，在充分利用自然环境条件的基础上，人为创造生物生长发育的生长环境条件，实现高产、高效的现代农业生产方式，包括设施种植和设施养殖。通常所说的设施农业是设施种植，即植物的设施栽培，是指在采用各种材料建成的，对温、光、水、肥、气等环境因素有控制作用的空间里，进行植物栽培的农业生产方法。

设施农业作为农业生态系统的一个子系统，既具有农业生态系统的一般特征，也具有与一般生态系统明显不同的特点：一是人为干预和控制性强，如对种群结构、环境结构、产品形态与流通、采收与上市等都由人来干预和控制。二是物资和资金投入大，设施农业是集约化程度非常高的现代农业生产方式，自然要求有大量物质能量的投入。三是具有生态、经济的双重性，属于典型的生态经济系统。四是地域差异性显著。

从长期发展来看，设施农业的作用可以概括为：首先，帮助提高农产品品质。

发展设施农业是提高农业生产质量、加快农业产业升级、解决大宗产品供需矛盾的有效举措。其次，是农业发展的必然要求。随着发展高效农业目标的提出，国家对农业的管理要求也在提高。现代农业要求对于农业生产过程中的每一个环节都要实施科学的管理，采用现代化的规模集约经营模式，实现农业生产的标准化和设施化。再次，符合出口市场的要求。设施农业可打破技术壁垒，实现绿色农产品生产。最后，符合保护环境以及可持续发展的要求。

2. 设施农业是一个新的生产技术体系

设施农业并非简单地将大田栽培技术移用过来，而是选择合适的作物种类，采用与之相适应的技术和设施进行种植。设施农业主要依靠基本的设施工程，以生物技术为核心，以环境为载体，是多领域技术的集合。该模式利用工程技术手段，为动植物生长搭建起良好的环境；利用工业化的生产方式，使动植物生长在最短时间内获得了最高的品质和产量，提高了经济效益。设施农业是一种高效率的农业模式，它的发展靠的是先进的科技，因此它属于高新技术产业。同时，它也是今天社会上最具生命力的产业之一，保证了鲜活农产品的供应。

3. 工业发展和科技进步是设施农业的发展基础

利用特殊的设施设备，设施农业可以在小范围内改变作物生长环境。现代化的农业设施建设主要包括：框架的搭建（镀锌钢管等），表面覆盖物（玻璃、塑料等），设施内部配套（加热系统、通风系统、灌排系统、环境调控系统等）等。

荷兰的人均耕地面积只有 560 平方米，[①] 但它的人均农产品出口额却位居全球首位，这主要归功于设施农业。荷兰拥有着位居世界前列的现代化玻璃温室，每年产出大量的高档蔬菜、花卉，出口总额达到了数百亿美元。以色列是一个农业基础条件较差的国家，气候干旱、缺水。这个国家多年来致力于节水型设施农业的发展，使其蔬菜、花卉和其他高档农副产品的产出量和出口量位居世界前列。目前，很多国家都已经完成了技术体系建设，拥有了现代化的温室，通过计算机

---

① 搜狐网.世界上耕地面积最小国家之一，却占世界高端农业设施总面积 1/4 以上 [EB/OL].（2021-03-09）[2022-12-13].http://www.sohu.com/a/454893503_120948977.

控制技术可以对植物生长需要的温度、光、水、肥等进行监控和调节，满足不同植物生长的需要。

（二）我国设施农业的重点研究方向与发展趋势

1.我国设施农业的重点研究方向

第一，通过自主创新技术，研制出适用于不同地区和生态类型的新型温室；深入开展温室内相关设施的研究，以提高设施自动化控制水平。

第二，加强温室配套装置的技术研发，如温室自动化控制系统、温室材料、适合温室使用的小型农机等，提高温室种植的机械化水平和生产效率。

第三，温室资源高效利用技术研究开发，如节水节肥技术、增温降温节能技术、补光技术、隔热保温技术等，降低消耗，提高资源利用率。

第四，采后加工处理技术研究开发，包括采后清洗、分级、预冷、加工、包装、储藏、运输等过程的工艺技术及配套设施、装备等，提高产品附加值和国际市场竞争力。

第五，设施栽培高产优质并具有自主知识产权的创新品种，改变我国设施园艺主栽品种长期依赖国外进口的局面。

第六，设施农业高产优质栽培技术和不同品种、不同生态类型模式化栽培技术研究以及生产安全技术研究，如绿色产品生产技术、环境控制与污染治理技术、土壤和水资源保护技术等。

第七，温室设施与设施农业产品生产标准化研究，包括温室及配套设施性能、结构、设计、安装、建设、使用标准，设施栽培工艺与生产技术规程标准，产品质量与监测技术标准等。

2.我国设施农业的发展趋势

第一，大型园艺设施的比例明显加大，其原因主要是随着设施园艺的迅速发展，设施蔬菜等超时令、反季节园艺产品的季节差价明显缩小，小型设施的单位面积产出率低、比较效益下滑，其收益显著低于大型设施，加上作业不便、劳作强度大，逐步富裕起来的农民也需要改善劳动条件。

第二，节能日光温室发展迅猛，加温温室发展缓慢，普通日光温室面积的比例由 70% 下降至 34%；节能日光温室则从无到有，在温室面积中的比例猛增至 61%。[①]

第三，以遮阳网覆盖栽培为主的夏季设施园艺快速发展。20 世纪 80 年代后期，国产耐候塑料遮阳网试制成功，首先在蔬菜生产上进行应用研究和示范推广，并迅速在花卉和茶叶生产上推广应用。

二、设施农业的类型

目前，我国设施农业的种类很多，形式各异，一般分为小拱棚（遮阳棚）、塑料大棚、日光温室、玻璃 /PC 板连栋温室（塑料连栋温室）、植物工厂等。

（一）小拱棚（遮阳棚）

小拱棚（遮阳棚）的特点是制作简单、投资少、作业和管理非常方便。它的缺点是不宜使用各种装备设施，并且劳动强度大，抗灾能力差，增产效果不显著。小拱棚主要用于种植蔬菜、瓜果和食用菌等。

（二）塑料大棚

塑料大棚是我国北方地区传统的温室，农户易于接受。塑料大棚按其内部结构用料不同，分为竹木结构、全竹结构、钢竹混合结构、钢管（焊接）结构、钢管装配结构和水泥结构等。总体来说，塑料大棚的造价比日光温室要低，安装拆卸简便，通风透光效果好，使用年限较长，主要用于果蔬瓜类的栽培和种植。它的缺点是棚内立柱过多，不宜进行机械化操作，防灾能力弱，一般不用于越冬生产。

（三）日光温室

日光温室有采光性和保温性能好、取材方便、造价适中、节能效果明显、适

---

① 豆丁网 . 优质蔬菜基地建设项目可行性分析报告 [R/OL](2019-7-13）[2022-12-14].
https://www.docin.com/p-2229444715.html.

合小型机械作业的优点。天津市推广新型节能日光温室，它的采光、保温和蓄热性能很好，便于机械作业。它的缺点是对于环境的调控能力和抗御自然灾害的能力较差，主要种植蔬菜、瓜果和花卉等。青海省普遍采用的多为日光节能温室，辽宁省也将发展日光温室作为该省设施农业的重要类型，甘肃省、山西省和山东省的日光温室分布比较广泛。

（四）连栋温室

这栋温室有玻璃/PC板连栋温室和塑料连栋温室两类。

玻璃/PC板连栋温室具有自动化、智能化、机械化程度高的特点，温室内部具备保温、光照、通风和喷灌设施，可进行立体种植，属于现代化大型温室。它的优点是采光时间长，抗风和抗逆能力强，主要制约因素是建造成本过高。福建省、浙江省、上海市的玻璃/PC板连栋温室在防抗台风等自然灾害方面具有很好的示范作用。

塑料连栋温室以钢架结构为主，主要用于种植蔬菜、瓜果和普通花卉等。它的优点是使用寿命长、稳定性好，具有防雨、抗风等功能，自动化程度高。它的缺点与玻璃/PC板连栋温室相似，一次性投资大，对技术和管理水平要求高。这类温室一般作为玻璃/PC板连栋温室的替代品，更多地用于现代设施农业的示范和推广。

（五）植物工厂

植物工厂是继温室栽培之后发展的一种高度专业化、现代化的设施农业。它与温室生产的不同点是完全摆脱了大田生产条件下自然条件和气候的制约，应用现代化先进技术设备，完全由人工控制环境条件，全年均衡供应农产品。目前，高效益的植物工厂在某些发达国家发展迅速，已经实现了工厂化生产蔬菜、食用菌和名贵花木等。美国现在正在研究利用"植物工厂"种植小麦、水稻，以及进行植物组织培养、脱毒和快繁。

第四节　标准化农业、精准农业与信息化农业

一、标准化农业

（一）标准化农业的概念

标准化农业是以农业为对象的标准化活动，即运用"统一、简化、协调、选优"原则，通过制订和实施标准，把农业产前、产中、产后各个环节导入标准生产和标准管理的轨道。农业标准化是农业现代化建设的一项重要内容，通过把先进的科学技术和成熟的经验组装成农业标准，再推广应用到农业生产和经营活动中，最后把科技成果转化为现实的生产力，从而取得经济、社会和生态的最佳效益，达到了高产、优质、高效的目的。农业标准化的内容十分广泛，主要包括：农业基础标准、种子种苗标准、产品标准、方法标准、环境保护标准、卫生标准、农业工程和工程构件标准、管理标准。

（二）标准化农业特征

我国于 2001 年启动"无公害食品行动计划"。2002 年，全国各地高度重视农业标准化体系建设，并加以推广实施，标志着我国农业标准化生产迈上了一个新的台阶。

1. 以标准需求为契机

要为人类提供标准农产品，无疑必须要发展标准农业，以满足人们对标准农产品的需求。一是健康需求，即人们对农产品的标准需求应满足人们的健康需要，农产品各种物质的含量应与人们的健康需要相一致。二是多维需求，即人们对农产品的标准需求应满足人们的多维需求，也不仅仅局限于营养和品尝需求，还包括卫生和审美需求。三是水平需求，即人们对农产品的标准需求总是随着人们生活水平的提高特别是生活质量水平的提高而提高。

2. 以标准产品为目标

标准农产品一般应具备如下标准：一是营养标准。人类要健康，营养素必须

满足人体的要求，每一种农产品都包含若干种营养素，标准农产品所包含的各种营养素含量都必须达到统一标准。二是品尝标准，即标准农业生产的农产品必须满足人们的品尝需要，符合人们的口感。三是卫生标准，即标准农业生产的农产品必须满足人们的健康需要，符合人们的健康要求，特别是有害物质含量绝对不能超标。四是审美标准，即标准农业生产的农产品还必须满足人们的审美需要，符合人们的审美要求，产品外观要有美感，且同种产品外观要一致。

3. 以标准理念为指导

要发展标准农业，生产标准产品，就必须树立农业标准化理念，以标准文化为向导，形成标准的思维方式，培育标准的行为方式，追求标准的农业事业。确切地讲，标准农业文化指的是在标准农业的产生、形成和发展的过程中，通过农业标准的制定、农业生产质量环境的营造、农业标准技术的研制、农业质量标准的监测、农业标准生产的管理而形成的一种产业文化。标准思维方式指的是从农业标准化的角度去思考问题、认识问题、判断问题、审定问题。标准行为方式指的是在农业生产的过程中，各个环节都自始至终围绕农业标准进行。标准农业事业则是指通过农业标准的制定、农业生产质量环境的营造、农业标准技术的研制、农业质量标准的监测、农业标准生产的管理，生产标准农产品的过程。

4. 以标准文件为依据

标准文件包括：一是农产品质量标准，应包含农产品的营养、品尝、卫生和审美标准等内容。二是农业生产技术过程规程标准，应包含产地选择、备耕、规格、栽植、施肥、灌水、防治病虫害、收获等标准内容。三是农业投入品质量标准，应包含农业投入品的品种、规格、主要要素含量、有害物质残留量、用途和使用方法等标准内容。四是农业生产环境质量标准，应包含土壤肥力水平、水质、有毒物质含量、农田基本建设水平、空气、周围环境等标准内容。

5. 以标准环境为条件

环境标准包括：一是生态环境。产地周围的环境应达到良性循环的要求，不但要植被状态好、水土保持好，而且植被之间、植被与水土之间、周围植被与产地之间应当形成互促互补的生物链。二是安全环境，即产地及其周围环境的有害物质，特别是土壤、水和空气中的有害物质含量应低于限量水平，不影响人体健康，符合生活质量日益提高的人们对安全质量的要求。三是地力环境，即产地土壤肥力水平达到高产、稳产的地力水平，也就是产地土壤的有机质、氮、磷、钾及其他微量元素含量丰富、比例协调，能满足高产优质作物生长发育的基本要求。

6. 以标准技术为手段

标准技术包括：一是农业生产环境质量控制技术。这一技术应以农业生产环境质量标准为依据，围绕标准农产品对农业生产环境的生态、安全、地力要求，通过植被营造、水土保持等生态措施，以及开挖环山沟、排除有害物质等安全措施和广辟肥源、用地养地等养地措施，使农业生产环境质量达到生产标准农产品的要求。二是农业投入品质量控制技术。农业投入品包括肥料、农药、激素、农膜等。这一技术也应以农业投入品质量标准为依据，围绕标准农产品对农业投入品的要求，通过对农业投入品生产原料的选择、把关，对农业投入品生产技术运作和方法的操作，使农业投入品质量达到生产标准农产品的要求。三是农业生产过程质量控制技术。这一技术同样应以农业生产过程规程质量标准为依据，围绕标准农产品对农业生产过程规程的要求，通过园地选择、规划、备耕、种植规格、栽植、施肥、灌水、防治病虫害、盖膜、收获等技术的标准使用，使农业生产过程质量达到生产标准农产品的要求。

7. 以标准监测为约束

标准监测包括：一是农业生产环境质量监测，即监测农业生产环境的生态因素、安全因素和地力因素是否达到标准文件所要求和规定的质量水平。二是农业投入品质量监测，即监测肥料、农药、激素和农膜等农业投入品的主要理化指标是否达到标准文件的要求和规定的质量水平。三是农产品质量监测，即监测农产品的营养、品尝、卫生和审美要素是否达到标准文件所要求和规定的标准水平。

8. 以标准管理为保障

标准管理包括：一是产地认定和产品认证体系，即国家必须建立权威的安全优质农产品的产地认定和产品认证机构。二是市场准入机制体系，即根据农产品分布和密集情况，国家设置相应的农产品安全质量监督机构，对农产品进行安全检查，对于符合安全质量要求的农产品发放市场准入证，允许其进入市场进行交易，否则将予以拒绝，以维护消费者的权益。三是品牌安全优质农产品评审体系，即建立国家授权、认可的品牌安全优质农产品评审机构，建立系统、规范、有序、理性的品牌安全优质农产品评审机制，定期对农产品进行评审，对荣获品牌安全优质农产品称号的农产品授予荣誉证书，以促进安全优质农产品向品牌的方向发展，提高品牌安全优质农产品的知名度和市场竞争力。四是打击、制裁假冒伪劣农产品的体系，即加强执法队伍的建设，以标准文件为依据，以安全优质农产品认证证书及其使用标志为凭证，以农业标准有关法律、法规为手段，打击、制裁假冒伪劣农产品，以维护安全、优质的农产品的正常生产和市场营销。五是法律、法规体系，即以宪法为指导，根据我国的实际，制定一部关于农业标准化或标准农业的法律或法规，使农业标准化工作、标准农业生产步入法律的轨道，并能够在法律的约束下有序、理性、规范、健康地向前发展。六是组织机构体系，即从中央到地方，建立、健全农业标准化工作机构，设置专门岗位，配备专门人员，装备专门设备，编制农业标准化工作专门路线图，使用农业标准化专门资料，执行农业标准化工作专门操作程序，以标准的组织机构，通过标准的工作，确保农业标准化工作有序、理性、规范、健康地向前发展。

二、精准农业

（一）精准农业的概念

精准农业是当今世界农业发展的新潮流，是由信息技术支持的、根据空间变异定位、定时、定量实施的一整套现代化农事操作技术与管理系统。其基本含义是根据作物生长的土壤性状，调节对作物的投入，即一方面搞清田块内部的土壤性状和生产力空间变异，另一方面确定农作物的生产目标，进行定位的"系统诊断、优化配方、技术组装、科学管理"，调动土壤生产力，以最少或最节省的投入达到同等收入或更高的收入，并改善环境，高效地利用各类农业资源，取得经济效益和环境效益。

（二）精准农业的特点

精准农业是在现代信息技术、生物技术、工程技术等一系列高新技术最新成就的基础上，发展起来的一种重要的现代农业生产形式，其核心技术是地理信息系统、全球定位系统、遥感技术和计算机自动控制技术。[①]

1.现代信息技术

精准农业从 20 世纪 90 年代开始在发达国家兴起，目前已成为一种普遍趋势，英国、美国、法国、德国等国家纷纷采用先进的生物、化工乃至航天技术使精准农业更加"精准"。美国将卫星定位系统应用于农业，这种技术被称为"精准种植"，即通过装有卫星定位系统的装置，在农户地里采集土壤样品，取得的资料通过计算机处理，得到不同地块的养分含量，精准度可达 1~3 平方米。技术人员据此制定配方，并输入施肥播种机械的计算机中，这种机械同样装有定位系统，操作人员进行施肥和播种可以完全做到定位、定量；还可将卫星定位系统安装在联合收割机上，并配置相连的电子传感器和计算机，收割机工作时可自动记录每平方米的农作物产量、土壤湿度和养分等精确数据。

2.现代生物技术

现代生物技术最显著的特点是打破了远缘物种不能杂交的禁区，即用新的生物技术方法开辟一个世界性的新基因库源泉，用新方法把需要的基因组合起来，培育出抗病性更强、产量更高、品质更好、营养更丰富，且生产成本更低的新作物、新品种。另外，现代生物技术还能够节约能源、连续生产、简化生产步骤、缩短生产周期、降低生产成本、减少环境污染等。例如，美国把血红蛋白转移到玉米中，不仅保持了玉米的高产性能，而且提高了它的蛋白含量。抗转基因水稻、玉米、土豆、棉花和南瓜等已在美国、阿根廷、加拿大的数百万公顷土地上试种。

---

① 李慧，张双侠. 农业机械维护技术 大田种植业部分 [M]. 北京：中国农业大学出版社，2018.

微生物农业是以微生物为主体的农业。微生物在合成蛋白质、氨基酸、维生素、各种酶方面的能力比动物和植物高上百倍。微生物还可利用有机废弃物，变废为宝，保护生态环境。利用有益微生物，不仅可获得较大的生物量，用于制作食用蛋白质以及脂肪、糖类等专门食品，而且在生物防治、土壤改良方面也有突出表现。

3.现代工程装备技术

现代工程装备技术是精准农业技术体系的重要组成部分，是精准农业的"硬件"，其核心技术是"机电一体化技术"。在现代精准农业中，现代工程装备技术可以应用于农作物播种、施肥、灌溉和收获等各个环节。

三、信息化农业

（一）信息化农业的概念

信息化农业就是集知识、信息、智能、技术、加工和销售等生产经营要素为一体的开放式、高效化农业，其核心是农业信息化。从计算机用于农业的时候算起，现在已经发展到了包括信息存储和处理、通信、网络、自动控制及人工智能、多媒体、遥感、地理信息系统、全球定位系统等的阶段，出现了"智能农业""精准农业""虚拟农业"等高新农业技术。

农业信息化是指信息和知识越来越成为农业生产活动的基本资源和发展动力，信息和技术咨询服务业越来越成为整个农业结构的基础产业，以及信息和智力活动对农业增长的贡献越来越大的过程。

（二）信息化农业的特征

农业中所应用的信息技术包括计算机、信息存储和处理、通信、网络、多媒体、人工智能、"3S"技术（即地理信息系统、全球定位系统、遥感技术）等，概括而言具有以下特征：

1. 网络化

近年来，各种形式的局域网和以信息高速公路为基础的广域网用户增长迅速。在美国，众多农业公司、专业协会和农场已普遍使用计算机和网络技术，用户通过家中的电话、电视或计算机，便可共享网络中的信息资源。这些先进的计算机通信网络使农业生产者能够及时、准确、完整地获得市场信息，有效地规避了农业经营的生产风险。

2. 综合化

信息化农业是多项信息技术的结合，包括数据库技术、网络技术、计算机模型库和知识库系统、多媒体技术、实时处理与控制等信息技术，还包括信息技术和现代科技，尤其是与农业科技的结合，如信息技术与生物技术、核技术、激光技术、遥感技术的日益紧密结合，农产品的生产过程和生产方式大大改进，农业现代化经营水平不断提高。例如，欧美国家目前普遍看好的一种视频数据检索系统和电视数据检索系统，就是多媒体数据库技术、计算机软硬件技术和网络通信技术的结合。

3. 全程化

信息技术应用不再局限于某一独立的农业生产过程或单一的经营环节，或某一有限的区域，而是横向和纵向拓展。信息技术企业与农业生产、经营企业联系，科研单位与生产经营单位甚至与用户联合，多学科专家协作的复杂工程越来越多。这些工程全面地改善了农业生产和经营中的薄弱环节，不仅使农业的原有优势得到更充分的发挥，还使其原有的劣势逐步改善以至消失，极大增强了农产品在市场上的竞争力。

第五章　当代农业展望

　　本章主要对当代农业经济的未来发展进行了展望，主要介绍了城乡融合的部分内容、农业的可持续发展，以及农业的产业结构调整和现代化。

第一节　城乡融合

长久以来，国家在促进城乡一体化实践基础上积极探索促进城乡融合发展。这是继在工业化初中期的社会生产力水平条件下实行以城市发展辐射带动乡村，打破城乡二元结构、统筹城乡发展、城乡一体化后的一种新型工农城乡关系，突破了城市与乡村相对独立并行的发展格局。

伴随工业化、城镇化的深入推进，中国农业农村发展进入新的阶段，呈现出农业综合生产成本上升、农产品供求结构性矛盾突出、农村社会结构加速转型、城乡发展加快融合的态势。人多、地少、水缺的矛盾加剧，农产品需求总量刚性增长，消费结构快速升级，农业对外依存度明显提高，保障国家粮食安全和重要农产品有效供给任务艰巨；乡村劳动力大量流动，农户兼业化、村庄空心化、人口老龄化趋势明显，农民利益诉求多元化，加强新乡村社会管理势在必行；国民经济与乡村发展的关联度显著增强，农业资源要素流失加快，建立城乡要素平等交换机制的要求更为迫切，缩小城乡区域发展差距和居民收入分配差距任重道远。鉴于此，我们必须顺应阶段变化，遵循发展规律，增强忧患意识，持之以恒强化农业、惠及农村、富裕农民。在这样的背景下，国家带领人民坚持走中国特色新型工业化、信息化、城镇化、农业现代化道路，推动信息化和工业化深度融合、工业化和城镇化良性互动、城镇化和农业现代化相互协调，促进工业化、信息化、城镇化、农业现代化同步发展。

解决好农业农村农民问题是全党工作的重中之重，城乡发展一体化是解决"三农"问题的根本途径。要加大统筹城乡发展力度，增强农村发展活力，逐步缩小城乡差距，促进城乡共同繁荣；坚持工业反哺农业、城市支持乡村和多予少取放活方针，加大强农、惠农、富农政策力度，让广大农民平等参与现代化进程、共同分享现代化成果；加快发展现代农业，增强农业综合生产能力，确保国家粮食安全和重要农产品的有效供给。要坚持把国家基础设施建设和社会事业发展重点放在乡村，深入推进新乡村建设和扶贫开发，全面改善农村生产生活条件，着力促进农民增收，保持农民收入持续较快增长。要加快完善城乡发展一体化体制机制，着力在城乡规划、基础设施、公共服务等方面推进一体化进程，促进城乡要素平等交换和公共资源均衡配置，形成以工促农、以城带乡、工农互惠、城乡一体的新型工农、城乡关系。

国家和党在促进城乡一体化方面进行了新的探索。2013 年《中共中央、国务院关于加快发展现代农业，进一步增强农村发展活力的若干意见》提出把城乡发展一体化作为解决"三农"问题的根本途径。2014 年《关于全面深化农村改革加快推进农业现代化的若干意见》提出，要城乡统筹联动，赋予农民更多财产权利，推进城乡要素平等交换和公共资源均衡配置，让农民平等参与现代化进程，共同分享现代化成果。2015 年《关于加大改革创新力度加快农业现代化建设的若干意见》分析指出，城乡资源要素流动加速、城乡互动联系增强，如何在城镇化深入发展背景下加快新农村建设步伐、实现城乡共同繁荣，是必须解决好的一个重大问题。文件从加大农村基础设施建设力度、提升农村公共服务水平、全面推进农村人居环境整治、引导和鼓励社会资本投向乡村建设、加强农村思想道德建设、切实加强农村基层党建工作六个方面，对"围绕城乡发展一体化，深入推进新农村建设"作出政策安排和工作部署。[1]

城乡发展一体化迈出重大步伐。城乡要素双向流动正在加速，城乡差别逐步缩小。随着城乡一体化和融合发展，乡村民生实现根本改善。乡村教育、文化、卫生、社会保障等社会事业快速发展，乡村道路、电网、通信等基础设施建设全面提速，乡村人居环境整治全面展开，乡村面貌发生了深刻变化。

---

[1] 白雪秋，聂志红，黄俊立. 乡村振兴与中国特色城乡融合发展 [M]. 北京：国家行政学院出版社，2018.

第二节　农业的可持续发展

一、认识农业可持续发展

（一）农业可持续发展的核心和基本特征——可持续性

国家强调不能把牺牲子孙后代的生存发展权益作为换取当今发展的代价，具体来说有三个方面：

第一，生态可持续性是农业可持续发展的基础。生态可持续性是指农业所依赖的自然资源的可持续利用和农业所影响的生态环境的良好维持。

第二，社会可持续性是农业可持续发展的目的。社会可持续性是指维持农业生产、经济和生态可持续发展所需要的农村社会环境的良性发展要求，主要包括人口数量控制在一定水平，人口素质不断提高，农村社会财富公平分配，农村劳动力以适当速度不断从农业领域转移出去，注重发展机会代际平等、代内平等，满足各种层次需要。

第三，经济可持续性是农业可持续发展的主导。经济可持续性是指在经济上能获得盈利，可以自我维持、自我发展。

（二）可持续发展农业要兼顾经济效益、社会效益和生态效益

可持续发展农业要实现经济效益、社会效益和生态效益相统一的综合整体效益。

（三）可持续发展农业努力确保达到的三个基本目标

简单地说就是：生产要发展，生活要提高，生态要改善。要积极增加粮食生产，既要考虑自力更生和自给自足的基本原则，又要考虑适当调剂和储备，保障粮食安全（粮食储备量占年需要量的 17%~18% 为最低安全系数），促进农村综合发展，增加农村劳动力就业机会，增加农民收入，特别要努力消除农村贫困状况。要合理利用和保护农业资源，创造良好的生态环境，以利子孙后代的生存与发展。

简而言之，可持续发展农业的基本目标就是粮食持续增产安全目标、农村综合发展脱贫致富目标与保护资源和环境良性循环目标。

（四）可持续发展农业的基本要求

可持续发展农业的基本要求为：积极、千方百计地提高整个农业生产、加工、销售和消费体系内的效率（包括产品、土地、劳动、资源综合利用、产值等），尽可能减少消费和污染。在利用自然资源和物质投入过程中，要力求维护和提高再生产能力，增强后劲儿，促进资源和投入物的利用与生物的多样化，以适应各种多变的外界条件，减少风险、稳定收成。要努力开展多种经营方式，实行产供销一体化，综合经营，从多方面增加农村的经济收入。简而言之，就是高产、高效、低耗、不污染要求，增强农业生产后劲稳定收成要求和农村产业多样性综合经营增加收入要求。

二、农业可持续发展面临的制约因素和问题

（一）农业人口文化素质与农业可持续发展

我国农村劳动力基本上是体力型的，这不仅使农业科技推广及普及困难，而且一些人因循守旧墨守成规、重经验、轻科学，不容易接受新的思想、方法。我国是农业人力资本和农业技术资源都较为匮乏的农业大国，这制约着我国农业的可持续发展。

（二）农业科技投入不足

与世界上其他国家相比，我国农业科技投入不足。我国农业的科技投入只占整个国内生产总值的 0.5%，比印度还要低，低于 1% 的世界平均水平，发达国家水平在 2%~3%，[①] 而且，农业科技周期长、投入大。

---

① 陶爱祥. 农业科技灰色联想理念研究 [EB/OL]. （2022−05−21）[2022−12−15].http://www. wenmi.com/article/pruigo05evzf.html.

（三）农业资源的制约

土地资源的充裕与稀缺和人均耕地的多寡是决定一个国家农业现代化实现的关键。20世纪90年代中后期，我国农村劳动力每年增加数百万人，加上近年来工业化、城市化建设的快速发展，今后即使采取各种措施保证耕地面积不再下降，人均占有耕地面积仍会呈现减少的趋势。耕地资源短缺、人地矛盾十分突出的情况，将严重制约农业生产和农业经济发展，也影响农业现代化的顺利实现。

（四）气候和环境因素的制约

1.气候朝不利方向转变

由于受人类活动和自然因素的综合影响，自20世纪50年代以来，我国年平均气温已升高了0.68℃，[①] 而北方年降水量减少，南方却增加，全球变暖，气候异常，影响病虫害和作物生长。

2.我国农业生态环境不断恶化

环境为人类生存和发展提供了物质基础和空间条件，人类的工业和农业活动及日常生活也在不断地改变着环境。农业可持续发展的本质是使世世代代的人们过得更好。人们超量使用的农药、化肥及各种农药残留、生活垃圾、各种类型的工业污染等导致农业生态环境污染严重，违背了人类发展农业和工业的初衷，影响了农业的可持续发展。

（五）农业增长方式粗放

农业增长方式粗放表现为：一是劳动生产率低，二是科技进步对农业经济增长的贡献率不高，三是资源利用率低。

---

① 邹尚伟，刘颖.中国气候状况及应对气候变化方案和措施[J].环境科学与管理,2008,33（6）：189-194.

三、农业可持续发展的总体思路

（一）加大宣传，影响人们的思想意识

思想决定意识、意识决定行动，要让人们认识各种污染和资源破坏的原因和后果，提高人们保护环境、爱护宝贵的资源的意识，促进农业可持续发展。

（二）保护环境

工农业生产对环境的不利影响很难逆转，保护环境刻不容缓。

1. 通过立法降低污染

环境因素的外部性特点说明，保护生态环境需要国家加强立法惩处力度，加大违法成本。

2. 综合治理土壤及环境污染

要大力发展测土施肥、生物防治病虫害、病虫害综合防治等技术；推进农村生活垃圾和污水处理，严格控制各种危害农业生产的污染源，大力发展沼气，加强生活垃圾的治理，养成分类存放的良好习惯。

3. 加强资源保护

要鼓励采用保护型的耕作法，如轮作、深松深耕等；倡导滴灌、微灌、喷灌等节水灌溉、集雨灌溉的旱作农业技术，提高水资源利用率；增加环保投入，推行清洁生产和环境标志认证。

要将"尊重自然、顺应自然、保护自然"的生态文明理念贯穿农业生产、农业资源和环境的利用与保护、农业科技的发展与应用、农业服务的全过程。依靠"大药、大水、大肥"的传统农业种植方式难以为继，容易造成土壤板结、地力下降和环境污染，还会带来农药残留等问题。绿色农业，本质上就是以科学技术为支撑、以现代投入品为基础的集约农业。发展绿色农业要求政府积极制定有利于绿色发展的农业政策法规，引导农业发展由增产向可持续方向转变，由单纯追求高产，向高产高效、资源节约、生态环保转变，向节水、节肥、节药、节地转变的现代农业发展道路；要逐步制定和完善农业投入品生产、经营、使用，节水、

节肥、节药等农业生产技术及农业面源污染监测、治理等标准和技术规范体系，加强农业资源的保护和高效利用，加大农业面源污染防控、农产品产地环境治理的工作力度，从根本上加快转变农业发展方式，推动农业可持续发展。

（三）加大国家的科技投入，加速农业科技的转移

第一，加大国家对农业科技的投入力度，丰富农业科研新成果。农业技术的进步提高了人们利用资源的效率和能力，而农业可持续发展必须依赖科技进步，由此加大农业科研投入成为农业可持续发展的重要推力。

第二，要提升农民的科技素质，深入推进农业科技入户，完善科技指导直接到户、良种良法直接到田、技术要领直接到人的农技推广机制，大力培育科技示范户，采取多种渠道提升农民科技素养。

第三，搞好农业技术服务体系，架构高效率高水平的农技服务体系，做好农业生产的后盾，推进农业可持续发展。

（四）加大农业投入，加强农业基本建设

目前，粮食增产最大的制约因素就是农业基础设施特别是农田水利设施薄弱。农业基础设施能够为先进生产要素的投入提供基础平台，为现代农业的发展提供根本保障。

（五）转变农业增长方式

要通过提高农业技术水平和调整农业产业结构，加快农业标准化、农业产业化进程，实现农业可持续发展。

四、扎实推进农业可持续发展

（一）追求农业与环境的协调发展，注重生态良性循环体系建设

农业发展既要充分利用自然，又要重视生态保护，实现经济效益、社会效益和生态效益三者的统一。生态环境极大地影响着农业的可持续发展，不能因为追

求短期的经济利益而损害农业长期健康和可持续发展的基础，农业的可持续发展必须维持一个良好的生态环境。

农业可持续发展要实现自然良性循环。最近几年，我国农业方面的工作有以下几点：

第一，加强草原生态保护建设，加大退牧还草工程实施力度，落实草畜平衡制度，推行禁牧、休牧、轮牧，发展牧区水利，发展舍饲圈养，兴建人工草场，搞好人工饲草地和牧区水利建设，巩固退耕还林成果。

第二，注重生态保护，在重点生态脆弱区和重要生态区位，适当增加退耕还林面积，建立健全森林、草原和水土保持生态效益补偿制度，多渠道筹集补偿资金，增强生态功能。

第三，加大生态综合治理，推进三北、沿海、长江等防护林体系和京津风沙源治理、湿地保护与恢复等重点林业生态工程建设；继续搞好长江、黄河、东北黑土区等重点流域、区域水土保持工作；加强荒漠化、石漠化治理，加大坡改梯、黄土高原淤地坝和南方崩岗治理工程建设力度，加强湿地保护，促进生态自我修复。

（二）加强农业资源保护，提高资源利用率

最近几年，我国非常重视农业资源的保护和利用，表现在以下几个方面：

第一，加快沃土工程实施步伐，扩大测土配方施肥规模；重视耕地质量建设，加大投入力度，提升土壤有机质，支持农田排灌、土地整治、土壤改良、机耕道路和农田林网建设，积极发展旱作农业，采用地膜覆盖、深松深耕、保护性耕作等技术；支持农民秸秆还田、种植绿肥、增施有机肥；推进中低产田改造；对应用旱作农业技术的农民给予补助，切实控制建设占用耕地和林地；继续增加农业综合开发，因地制宜发展特色高效农业、林下种养业，重点支持基本农田整理、灾毁复垦和耕地质量建设。

第二，加快实施旱作农业示范工程，搞好水土保持和水生态保护；引导农民积极采用节水设备和技术，扩大大型灌溉排水泵站技术改造规模和范围，实施重

点涝区治理；以雨水集蓄利用为重点，兴建山区小型抗旱水源工程；采取奖励、补助等形式，调动农民建设小型农田水利工程的积极性；实施国家水土保持重点工程，采取小流域综合治理、淤地坝建设、坡耕地整治、造林绿化、生态修复等措施，有效防治水土流失。

第三，加强人工增雨（雪）作业示范区建设，科学开发和利用空中云水资源。

（三）注重推广现代高新技术

第一，高新技术应用于农业，种子工程、畜禽水产良种工程、灌溉技术、生物防治技术、精准农业等已经在农业中广泛应用。

第二，加快提高农民素质和创业能力，积极开展农业生产技术和农民务工技能培训，整合培训资源，规范培训工作，增强农民科学种田和就业创业能力。组织实施新农村实用人才培训工程，重点培训种养业能手、科技带头人、农村经纪人和专业合作组织领办人等，以创业带动就业，实现创业富民、创新强农。

第三，强化工具资源的使用，积极推进农村信息化，在全国推广资费优惠的农业公益性服务电话；健全农业信息收集和发布制度，为农民和企业提供即时有效的信息服务。

（四）农业产业链加长，农业收益值增加

要积极发展农民专业合作社和农村服务组织，扶持农民专业合作社自办农产品加工企业；要充分运用地理标志和农产品商标，积极发展农业农村各种社会化服务组织，为农民提供便捷高效、质优价廉的各种专业服务，促进特色农业发展；要加强市场动态监测和信息服务，推进乡镇企业结构调整和产业升级，扶持发展农产品加工业，积极发展休闲农业、乡村旅游、森林旅游和农村服务业，拓展农村非农就业空间。

（五）加强社会公共服务功能

国家调整财政资源和建设资金的投向，由以城市为主导向更多地支持农村转

变，优先安排农民最急需、受益广、公共性强的农村公共品和服务，建立健全覆盖全民的社会保障体系，统筹推进城乡教育、卫生、文化和社会保障等体制改革，全面提高公共财政对农村社会事业的保障水平。在农村已实现"种地不交税，上学不付费，看病能报销"后，又正在实现"养老不犯愁"。

第三节　农业的产业结构调整优化和现代化

一、农业的产业结构调整优化

（一）农业产业结构调整优化的必要性

农业产业结构调整优化就是对农业发展的各种资源进行权衡、改造和利用的过程，其目的就是优化配置资源和生产要素，提高农业生产率，满足人们对食物的需求，实现农业增效、农民增收和农业可持续发展的过程。

我国的农业产业结构相较改革开放初期已经有了较大的改善，但是，目前仍要继续优化。总体上说，其必要性具体表现在以下几个方面：

1. 现阶段农业生产发展的客观要求

随着农业生产力水平的提高，农产品供应量逐年增加，农产品供求关系已经从卖方市场转变为买方市场，而农村地区农产品同质化现象严重，互相争夺市场，造成价格下降，农民收益降低；同时，随着城乡居民生活由温饱向小康迈进，农产品消费结构发生了很大变化，农产品需求日益多样化。面对这种市场需求的变化，迫切要求农业生产从满足人们的基本生活需求向适应优质化、多样化的消费需求转变，从以追求数量为主向数量、质量并重转变。

2. 提高农产品市场竞争力的根本途径

随着经济全球化进程的加快，农业和农村经济开始面临更为激烈的市场竞争。但是，由于我国农业技术水平低，农民整体素质不高，我国农业在国际市场竞争中处于不利地位，特别是单门独户的小农生产极不利于国际市场竞争，低层次的产业化经营也会使地方农业在市场竞争中处于劣势。因此，只有通过农村产业结构的战略性调整，进一步优化资源配置，充分发挥比较优势，才能把资源优势变为产品优势，增强我国农业在国际市场的竞争力。

3. 增加农业经营者收入的有效途径

从目前看，由于供求关系的变化，依靠增加农产品数量或提高农产品价格来增加农业收入的潜力已经不大。如果调整优化农业产业结构，提高农产品质量和档次，发展"名特优新"产品，那么一方面可适应市场优质化、多样化需求；另一方面可以提高农业的经济效益，增加农业经营者的收入。

4. 合理开发利用农业资源的重要手段

人多地少是我国的基本国情。我国农业资源一方面相对短缺，过度开发利用；另一方面配置不合理，利用率不高，浪费严重。通过调整优化农业产业结构，充分发挥区域比较优势，挖掘资源利用潜力，实现资源的合理配置，提高资源开发利用的广度和深度，我国农业就可以做到资源的有效利用与合理保护相结合，促进农业生产的可持续发展。

（二）农业产业结构调整优化的原则

农业产业结构调整优化是一项复杂的系统工程，必须统筹规划、科学安排。由于各地的条件不同，农业产业结构不可能有一个统一的模式。一般来说，农业产业结构的调整优化必须遵循以下几条原则：

1. 以市场为导向

要根据市场需求和变化趋势调整优化农业产业结构，满足社会对农产品多样化和优质化的需求。调整优化农业产业结构不能局限于本地市场，而要面向全国、面向世界，适应国内外市场需求，不仅要瞄准农产品的现实需要，还要研究未来的市场需求发展趋势，以便在未来的市场变化中抢占先机。政府有关部门要加强对市场变化趋势的研究，逐步完善农产品市场体系和农产品流通机制，建立反应灵敏的信息网络，向农业经营者提供及时准确的市场信息，为调整优化农业产业结构创造良好的市场环境。

2. 发挥区域比较优势

随着我国社会主义市场经济体制的建立和经济全球化的发展，进一步扩大农业区域分工、实行优势互补，成为降低农产品生产成本、提高市场竞争力的必然要求。要想调整优化农业产业结构，要在发挥区域比较优势的基础上，逐步发展不同类型的农产品专业生产区。每个地区要以资源为基础，因地制宜，发挥本地资源、经济、市场、技术等方面的优势，发展具有本地特色的优势农产品，逐步形成具有区域特色的农业主导产品和支柱产业，全面提高农业经济效益。

3. 依靠科技进步

调整优化农业产业结构要充分依靠科技进步，要抓住改造传统产品和开发新产品两个重点，通过高新技术的应用、劳动者素质的提高，推进农业产业结构调整优化。当前，世界农业正在孕育着以生物技术、信息技术为主要标志的农业科技革命，我国农业要抓住机遇，加快农业科技创新体系建设，促进农业产业结构调整优化和升级。

（三）农业产业结构调整优化的战略方向

农业产业结构的调整不仅要考虑各种农产品的数量平衡，还要注意农产品的质量提升，更要努力实现农业的可持续发展。

1. 优化农业各产业之间的关系

优化农业生产中种植业、林业、牧业和渔业之间关系的基本思路是：提高种植业和林、牧、渔业之间的多层次综合利用水平，提高农业资源的利用效率；继续发展种植业，使其与国民经济发展要求相适应；加快畜牧业发展，为社会提供丰富的肉、奶等畜产品；充分利用我国丰富的山地和水域资源发展林业和渔业。

2. 种植业结构的调整

种植业结构调整的战略方向是：在稳定粮食生产的前提下，大力发展经济作物生产。粮食是国民经济基础的基础，关系到社会的稳定，特别是对拥有 14 亿人口的中国来说尤为重要。因此，农业产业结构的调整必须高度重视粮食生产，保持粮食生产基本稳定，坚决防止忽视粮食生产倾向的产生；同时，要在确保粮食安全的前提下，扩大经济作物的生产。在粮食生产中，按照人口和畜牧业发展的需要，使口粮和饲料粮相分离；提高口粮的品质和专用化程度，使经济作物进一步向专业化、品牌化、产业化的方向发展。

3. 林业产业结构的调整

林业是培育、保护和利用森林的生产部门。林业生产不仅生产周期长，还具有很强的外部效益，因此必须重视发展林业生产，优化林业结构。林业结构调整的战略方向是：继续大力发展植树造林运动，提高森林覆盖率；优化营林结构，重视经济林、薪炭林、防护林的营造和发展；建立合理的采、育结构，切实保护好林业资源；在继续重视林木产品生产和发展速生丰产林的同时，加强对各种林副产品的综合利用，提高林业资源的多层次利用水平，提高林业生产的经济效益。

4. 畜牧业结构的调整

随着生活水平的提高，相对于粮食来说，人们对畜产品将会有更大的需求，因而畜牧业将有更大的发展空间。畜牧业结构调整的战略方向是：大力发展耗粮少、饲料转化率高的畜禽产品生产模式，特别是增加秸秆和草料转化利用率高的牛、羊、兔、鹅等品种，大幅度提高食草性动物的产品产量；适应中国居民的肉类消费特点和需求变化，稳定发展传统的猪、鸡、鸭等肉类和禽蛋生产，加快品种改良速度，重点发展优质猪肉和禽肉生产，提高优质产品所占的比重；根据区域资源特点，建立不同类型的畜牧业专业化生产区；大力发展饲料加工业和产品加工业，推进畜牧业的产业化经营，实现畜产品的多次转化增值，提高畜牧业的综合效益。

5. 渔业结构的调整

渔业是利用水域进行捕捞和养殖的产业，主要产品是鱼类、虾蟹类、贝类和藻类。

我国渔业结构调整的战略方向是：保护和合理开发利用滩涂、水面等宜渔资源，加速品种更新换代，发展"名特优新"品种养殖，重点发展高效生态型水产养殖业，积极发展高科技工厂化养殖，因地制宜地发展水库和稻田养殖；稳定近海捕捞，加强保护近海渔业资源，完善休渔制度，严格控制捕捞强度，减少捕捞量；大力发展远洋渔业，不断扩大国外作业海域，加强国际渔业合作；大力发展水产品的精加工、深加工和综合利用，重点抓好大宗水产品的保质和低值水产品的深加工，提高水产品质量和附加值。

6. 优化农产品品种结构

在过去农产品供给数量不足的背景下，农业生产只能将追求数量的增长放在最重要的位置。目前，我国主要农产品供求中的数量矛盾已基本解决，这就使我国农业有条件在稳定提高生产能力的基础上，将优化品种、提高质量放到突出的位置来考虑。不论是种植业，还是林、牧、渔业，都必须根据市场需求的变化压缩不适销的品种，扩大优质品种的生产；通过品种改良和新品种开发，加速品种的更新换代，努力提高农产品的质量。

（四）调整优化农业产业结构的措施

根据农业产业结构的变化规律，以及改革开放以来我国农业产业结构调整的经验，要进一步调整优化我国的农业产业结构，必须采取以下措施：

1. 加大资金投入，完善基础设施建设

不断加大农业基础设施建设的投资力度，增强农业抵御自然灾害的能力，搞好以水利、土地整理为重点的农业基础设施建设，加大以交通、供水、供电、通信为重点的农业生产生活设施建设，全面提高农业基础设施条件。

2. 加大对龙头企业的扶持力度，大力推进农业产业化经营

实践证明，农业产业化经营是农业产业结构调整优化的重要途径。通过农业产业化经营，处于无序状态的农业经营者实现了与市场的对接。因此，要继续大力推进农业产业化经营，进而带动农业产业结构的调整优化。研究发现，推进农业产业化经营的一个重要环节是壮大龙头企业。政府要加大对龙头企业的扶持力度，为龙头企业创造良好的发展环境；要加快对现有农产品加工企业和流通企业的技术改造，鼓励采用新技术和先进工艺，提高加工能力和产品档次；要加大对现有农副产品加工业和流通业的改组改造，把有市场、有效益的加工企业和流通企业改造成为龙头企业；鼓励投资主体多元化，广泛吸引各类合作经济组织、社会民间资本和国外资本参与龙头企业建设；鼓励龙头企业到主产区建立生产基地，带动农业经营者调整生产结构。

3. 大力发展优质高产、高效生态农业和特色农业

农业结构调整工作必须因地制宜、扬长避短，结合本地实际情况，培植本地的特色产品和优势产业，大力发展优质高产、高效的生态农业和特色农业。要立足资源优势，选择具有地域特色和市场前景的品种作为开发重点，尽快形成有竞争力的产业体系；建设特色农业标准化示范基地，筛选、繁育优良品种，把传统生产方式与现代技术结合起来，提升特色农产品的品质和生产水平；加大对特色农产品的保护力度，加快推行原产地等标识制度，整合特色农产品品牌，支持做大、做强名牌产品。

二、农业的现代化

（一）农业现代化内容

1. 生产条件现代化

生产条件现代化即实现农业机械化、水利化、电气化和化学化。

2. 生产技术现代化

生产技术现代化是指在农业上广泛采用现代生物技术、化学技术、耕作栽培技术、饲养技术、计算机技术等。

3. 经营管理现代化

经济管理现代化是指将现代的管理方法和工商业经营理念运用到农业中，如市场调研、制定生产计划、进行品种安排和标准化生产等，建立农民专业合作社，供养加、产供销、贸工农一体化的农业经营体系。

4. 集约、持续和高效

为提高农业生产的效率，需要打破一家一户小规模的种植形式，实行集约化生产。高投入高技术水平及农产品的深加工提高了农产品附加值，现代的营销信息、渠道与手段又降低了农业的风险；生产过程注重资源、环境与生态保护使现代农业成为持续高效的农业。

5. 社会化、专业化和商品化

现代农业是以商品经济为纽带、社会分工和协作相结合的社会化大生产形式。现代农业以营销为拉动力，注重产品品质和品牌塑造，这决定了社会分工会越来越细，而专业化的生产必然要求社会化协作，如社会化信息服务等。

（二）推进农业现代化的原因

1. 发展现代农业是保障粮食安全的根本措施

我国农业不仅要解决十几亿人的吃饭问题，还要满足不断加大的工业原料需求，这使资源约束显得更加突出。与此同时，农业还承担着农民增收和确保粮食安全的任务。面对诸多挑战，传统的农业增长方式已不能满足，需要改造传统农业，大力发展现代农业。

2. 只有发展现代农业，才能提高农产品的国际竞争力

发展现代农业不仅能够增加农产品产量，更因为大力发展标准化生产，注重品牌塑造，使农产品的品质更符合国际社会的要求，大幅提高了农产品的国内和国际竞争力。

3. 只有发展现代农业，才能不断增加农民收入

依靠手段提升、技术加强、产业化和农工商一体化转变的价值增长模式，可大幅度增加农民收入。

4. 发展现代农业，实现国民共同富裕

在我国第一产业、第二产业、第三产业中，从总体上看，农业是最薄弱的环节。只有加强农业这个薄弱环节，才能使国民经济的三个产业发展协调，保证国民经济健康、持续地向前推进。

5. 我国发展现代农业的条件初步具备

发展现代农业要着力强化政策、科技、设施装备、人才"四大支撑"，建设现代农业，除了农民自己的艰苦奋斗之外，国家及社会还可以给农业以更多的支持，来促进农业现代化建设进一步向前发展。

（三）我国推进农业现代化的措施

1. 加大资金投入力度

农业现代化需要不断推进农业机械化、设施化，发展现代生物技术，促进生态现代化建设，尤其要大力推广应用农业技术，这需要大幅度增加资金投入。

加大财政投资力度，健全农业补贴制度，建立农业风险防范机制，加大工业反哺农业、城市支持农村的力度，鼓励农民和社会力量多渠道投资是我国现阶段建设现代农业的必由之路。

2. 强化科技和人才支撑

我国人口众多，耕地不足，水资源匮乏，生态脆弱。发展现代农业，关键在于加快农业科技创新和农业科技成果转化应用，提高科技对农业增长的贡献率，努力把我国农村人力资源优势变为人力资本优势。

我国农业发展的根本出路在于加快农业科技化，农业发展要依靠科技进步来提高耕地产出率、资源利用率和劳动生产率。因此，要围绕农业可持续发展的技术需求，提高农业科技自主创新能力和农业国际竞争力，重点是提高在生物技术、机械装备技术和信息技术等领域的自主创新能力，运用"互联网＋"的思维发展农业，建立政府部门引导、社会力量广泛参与的农业科技创新体系，确保在农业科研和推广方面的经费投入以及农业科技成果的及时推广应用。

国家应出台相关的政策措施，加大对农业先进实用技术的推广应用和农民技术培训的力度，逐步构建以政府宏观管理为引导、以农业科研院所为载体、以龙头企业与家庭农场为主体、以农业社会化服务组织与技术推广机构为纽带的农业科技创新与推广体系。

3. 加大支农惠农力度

通过健全农业补贴制度，建立农业风险防范机制，加大工业反哺农业、城市支持农村的力度，促进农村金融融资等，多方调动农民种粮和发展现代农业的积极性。

4.健全产业体系和市场体系

在稳定发展粮食生产的基础上，不断开发农业的多种功能，加快发展健康养殖业、农产品加工业和特色农业，大力推进农业产业化经营；发展适应现代农业要求的物流产业、现代流通方式和新型流通业态，培育多元化、多层次的市场流通主体，构建开放统一、竞争有序的市场体系。

5.鼓励土地流转

推进现代农业建设，要集约化发展，通过鼓励不同形式的土地流转，变单家独户的小规模土地经营为较大规模的土地运作，以提高土地效率。

6.积极推进农村城镇化

城镇化推动了农村市场的发展和农业社会化服务体系的构建，并通过乡镇工业反哺农业。发展现代农业必须减少农民数量、提高农民素质和推动农业适度规模经营，因而加快农村城镇化进程，转移农村剩余劳动力，促进土地流转，实现农业规模经营，提高农业劳动生产率，实现农民增收，是进一步加快农业现代化步伐的前提和外部条件。为此，要整体推进城乡户籍管理制度、土地制度、社会保障制度等一系列制度改革，促进农村人口的城镇化，为发展农业规模经营创造良好的社会条件。

7.促进农业产业结构优化升级

农业产业结构调整是指根据市场对农产品需求结构的变化改变农产品的生产结构，从而使农业生产和市场需求相协调，同时使农业生产效率最大化，实现农民增收、农业和农村可持续发展。近年来，我国农业产业结构显著改善，人们的生活水平大幅提高，具体表现为：传统农作物种植业所占比例持续下降，而林、渔、牧业比重相应上升；粮食作物种植呈下降趋势，经济作物种植持续上升；粮食作物产量连年增长，人均粮食产量显著提高。

要鼓励农业主产区农产品加工业快速发展，支持粮食主产区发展粮食深加工，培育一批农产品精深加工的领军企业和国内外知名品牌，提高农业吸纳就业和促进农民增收的能力。

参考文献

[1] 孙百鸣 . 农业经济管理 [M]. 北京：中国农业出版社，2001.

[2] 周发明 . 农产品市场与营销 [M]. 长沙：湖南科学技术出版社，2001.

[3] 付钟堂 . 西部欠发达地区农业经济研究 [M]. 兰州：甘肃文化出版社，2018.

[4] 杜为公，李艳芳，杜康 . 西方农业经济学理论与方法的新进展 [M]. 北京：中国人民大学出版社，2016.

[5] 葛文光，李名威，董谦，农民专业合作社经营管理 [M]. 石家庄：河北科学技术出版社，2010.

[6] 白剑 . 农民专业合作社建设指南 [M]. 太原：山西人民出版社，2006.

[7] 李秉龙，薛兴利 . 农业经济学 [M]. 北京：中国农业大学出版社，2003.

[8] 方天堃，陈仙林，农业经济管理 [M]. 北京：中国农业大学出版社，2005.

[9] 减日宏 . 农村经济与管理 [M]. 北京：中央广播电视大学出版社，2009.

[10] 郭庆海 . 农业经济管理 [M]. 北京：中国农业出版社，2003.

[11] 向云，李芷萱，陆倩 . 中国农业经济高质量发展的空间非均衡及收敛性 [J]. 中国农业大学学报，2022，27(11)：305-316.

[12] 张建伟，曾志庆，李国栋 . 中国农业经济高质量发展水平测度及其空间差异分析 [J]. 世界农业，2022(10)：98-110.

[13] 谢永顺，王成金，吴爱玲 . 地理标志农产品和农业经济的时空演变及交互响应 [J]. 地理科学，2022，42(09)：1577-1587.

[14] 丁宇刚，孙祁祥 . 气候风险对中国农业经济发展的影响——异质性及机制分析 [J]. 金融研究，2022(09)：111-131.

[15] 连俊华.数字金融发展、农村普惠金融与农业经济增长——来自中国县域数据的经验证据 [J].中国软科学，2022(05)：134-146.

[16] 李新建.乡村振兴战略背景下农业经济发展机遇和对策 [J].山西农经，2022(03)：73-75.

[17] 向云，杨艳晶，陆倩.中国省域农业经济高质量发展测算及时空演进分析 [J].资源开发与市场，2022，38(03)：257-264，327.

[18] 刘昊，隋美超.互联网＋农业模式在我国农业经济发展中的现状问题及对策 [J].农业与技术，2021，41(22)：154-157.

[19] 张建伟，蒲柯竹，图登克珠.中国农业经济高质量发展指标体系构建与测度 [J].统计与决策，2021，37(22)：89-92.

[20] 王弘儒，杜广杰.中国地理标志的空间分布与农业经济增长 [J].华东经济管理，2021，35(05)：82-90.

[21] 刘国昊.农业供给侧结构改革背景下兵团农业经济高质量发展实现路径研究 [D].阿拉尔：塔里木大学，2022.

[22] 郭向东.农业经济发展对宏观经济增长及波动的作用机制研究 [D].北京：北京交通大学，2021.

[23] 黄莉.农业资本深化、有偏技术进步与绿色农业经济增长 [D].重庆：西南大学，2021.

[24] 张丽群.农业信息化水平对农业经济增长影响的研究 [D].淄博：山东理工大学，2020.

[25] 刘晓涛.农业供给侧结构性改革背景下永登农业经济高质量发展研究 [D].兰州：兰州大学，2018.

[26] 刘楠.我国农业生产性服务业发展模式研究 [D].北京：北京科技大学，2017.

[27] 陈锋正.河南省农业生态环境与农业经济耦合系统协同发展研究 [D].乌鲁木齐：新疆农业大学，2016.

[28] 袁晓庆.农业信息化水平和效益评价模型和方法研究 [D].中国农业大学，2015.

[29] 赵琨.农业机械化发展对中国农业经济发展方式转变的影响研究 [D]. 大庆：黑龙江八一农垦大学，2014.

[30] 雷程伟.农业现代化过程的农业信息化研究 [D].成都：西南财经大学，2014.